培养全面发展的人
——尹效登学校创新管理理念集录

尹效登 著

首都师范大学出版社
CAPITAL NORMAL UNIVERSITY PRESS

图书在版编目（CIP）数据

培养全面发展的人：尹效登学校创新管理理念集录 / 尹效登著. —北京：首都师范大学出版社，2023.4
ISBN 978-7-5656-7229-3

Ⅰ. ①培… Ⅱ. ①尹… Ⅲ. ①学校管理—文集 Ⅳ. ①G47-53

中国版本图书馆CIP数据核字（2022）第199563号

培养全面发展的人——尹效登学校创新管理理念集录
PEIYANG QUANMIAN FAZHAN DE REN——YINXIAODENG XUEXIAO CHUANGXIN GUANLI LINIAN JILU

尹效登 著

责任编辑	刘人滋

首都师范大学出版社出版发行

地　　址	北京西三环北路105号
邮　　编	100048
网　　址	http://cnupn.cnu.edu.cn
电　　话	68418523（总编室）68982468（发行部）
印　　刷	天津雅泽印刷有限公司
经　　销	全国新华书店
开　　本	710mm×1000mm 1/16
字　　数	165千
印　　张	13.75
版　　次	2023年4月第1版
印　　次	2023年4月第1次印刷
定　　价	59.80元

版权所有　违者必究
如有质量问题　请与出版社联系退还

序 言

一个好校长成就一所好学校，这是一句得到普遍认可的箴言。可以说，东莞外国语学校能成为一所高品质的好学校，离不开广东省名校长工作室主持人尹效登校长的引领和付出。

效登校长毕业于华南师范大学物理专业，深耕东莞教育近40年，先后担任四所东莞市直属学校的校长，在校长岗位上扎实工作了近20年；是广东省名校长工作室主持人，先后两次参加省教育厅组织的赴英国学习交流活动。效登校长具有开放包容的办学理念，勇于探索教育教学创新之路，并取得了突出的成绩，在东莞乃至广东省教育界都具有很高的威望和影响力。

一、洒脱做人，化繁为简，实现睿智管理

我与效登校长相识多年并结下了深厚的友谊，是可以做一辈子朋友的人。在我的认知里，效登校长是一位温和友善的人，"存好心、说好话、做好事"是他信奉的处事之道，也是他工作生活中一直奉行的准则。他常用魏书生校长的话与大家共勉：如果你把身边的人看作是天使，他们全部会变成天使；如果你把身边的人看作是魔鬼，他们就会变成魔鬼。与效登校长相处，你能感受到他淳厚的热情、愉悦的心境和闪光的智慧。

"是东莞外国语学校大家庭里领头的兄长",是效登校长的自我定位,也是学校老师及教育同行们的共识。因此,熟悉他的人都亲切地称他为"阿登"校长。

如果用"七年之痒"形容一段婚姻家庭的经营瓶颈,那么"职业倦怠"就是很多人工作生涯的难捱之槛。令我敬佩和惊讶的是,这么多年的交往中,我从没有见效登校长有丝毫的"倦怠"。无论是工作还是生活,他总是饱含热情、精益求精,一直在追求"成为最好的自己"。自2012年以来,他三次同时兼任两所学校的校长,两度创办新学校,其工作的繁忙与压力可想而知。但效登校长始终以饱满的热情、积极的态度和睿智的管理艺术,把各项工作都处理得很好。

二、坚持全面发展,办出高品质学校

从人才培养观来看,"为孩子的终身发展奠基,帮助每一位孩子成为最好的自己"是效登校长办学治校的出发点和着眼点。效登校长常说:"十个世界冠军也总会有一个是最后一名,我们不能只看学生的考试成绩和排名,不要让学生总是和别人比较,要帮助学生扬长避短成为最好的自己,这才是学校教育的重点。"

从师资团队建设来看,他认为教师是学校发展的核心竞争力,优秀的学校一定要有一大批优秀的教师。而效登校长对教队伍建设的重视,对教师发展的关心,是大家有目共睹的。对教师成长的扶持、工作的关心和生活的关爱,也让效登校长成为同事们眼中的"男神"。

从课程观来看,他认为如果说"课堂"是学生教育的主阵地,那么"课程"就是学校教育工作的核心。效登校长在学校课程建设及课堂教学管理方面有明确的目标、清晰的思路和丰富的成功实践。这在莞外德、智、体、美、劳五育并举的丰富课程体系中有充分的体现。让每个孩子都能找到自己喜爱的、适合的选修课程,一直是效登校长课程建设的理念和目标。

三、勇于实践创新，成为发展示范

马丁·路德金曾说："教育的作用是让一个人深入地思考，批判性地思考。要做到智力和品性的培养并重，这才是教育的真正目标。"效登校长的专著《培养全面发展的人——尹效登学校创新管理理念集录》是一部深入探讨教育理念与实践的重要作品。

全书从通过对个人工作生涯一些难忘瞬间的回顾、教育实践中典型事例的重现以及对教书育人中核心问题的思考阐述，生动而全面地呈现了效登校长的教育价值观、学生观、教师观、课程观及教学管理、学校治理的思想脉络和办学实践，用朴素的文字分享了个人的教育理念体系及其形成过程。书中对个人成长过程产生深远影响的重要他人的回忆，真实体现了效登校长的谦和感恩品格，也体现了一校之长始终把"人"放在心中最重要位置的治校经验的科学合理性。

此外，本书还涵盖了学校文化建设、课堂教学管理、现代学校制度建设、集团化办学等方面的内容，为教育工作者提供了宝贵的管理经验和指导方向。

名校长的价值不仅在于引领一所学校高质量发展，更在于发挥其辐射和引领作用，带动一方教育高质量发展。效登校长能将自己多年办学治校的实践经验与思考集结出版《培养全面发展的人——尹效登学校创新管理理念集录》一书，我甚是赞赏和期待，并欣然接受为书作《序》的邀约。

作为一位教育工作者，我深知办学、治理学校的艰巨程度，也深知一位优秀的校长应该具备怎样的素质和能力。我觉得这本书可以满足正处于办学或学校治理中教育同仁对于办学理念和实践的求知欲；

我也相信，这本书所传递的人生观、价值观、生活观，以及为人处事的一些经验，会让从事所有行业的读者都有所收获，受到关于生活和生存的启发和激励——优秀者洞察到的一些人间真理，往往是具有普世性和普适性的。

祝福效登校长，祝他未来更洒脱！

龚孝华

教育部中小学校长培训专家组专家、广东第二师范学院教授

2023年2月20

目 录

第一章 形成以"和善"为核心的校长管理艺术 /001

校长心中的奉献精神和服务意识 /005

以信任为纽带,做团队的引领者 /009

教师职业倦怠,校长如何反思 /014

教师的职业反省,从"讲故事"开始 /019

找准教师队伍健康发展的途径 /024

创新发展教学途径,助力教师成长 /028

科学的教师评价—— 一剂促进教学相长的良药 /032

以营造文化氛围来实现高效管理 /036

人文与制度融合的管理方式 /040

人文与制度融合式管理的两个原则 /044

第二章 唤醒教师"生命点灯人"的职业认知 /049

共学共情:"阿登"背后的师生关系哲学 /052

见贤思齐,才能传承超越 /057

好教师的标准:带着爱保护孩子的灵性 /062

紧张而充实，是成为优秀教师的必要条件　　　/068

给新教师的几点建议　　　/073

开启教师职业生涯，什么才是重要的　　　/078

有时候，需要提醒一下自己很优秀　　　/083

优秀教师的修炼：形成吸引支持的良善"磁场"　　　/087

学习那些行之有效的处事之道　　　/091

第三章 坚守国际化人才培养原则　　　/097

那些推动一个人逐梦的力量　　　/101

培养身心健康的人，是教育的第一要义　　　/105

以促发展为指向，让学生生命焕发光彩　　　/109

让学生自我管理的有效路径　　　/123

用正向鼓励助力孩子成长　　　/131

培养"眼界高远，适应未来"的人才　　　/137

向阳而生——孩子心理健康的重要性　　　/142

让书香氤氲成长　　　/146

第四章 建构"博雅立人"的育人格局　　　/153

东西方文化中的博雅立人理念探究　　　/157

"博雅"教育策略为实施通才教育奠基　　　/162

地域环境影响下的"立人"观念　　　/167

以"博雅立人"为导向的"一训三风"　　　/171

"立己立人，雅教慧教"的教风　　　　　　　　/178
博雅课程的教与学　　　　　　　　　　　　/185

后记：我所接受的无声教育，及其透射的教育真谛　/199
主要参考文献　　　　　　　　　　　　　　/209

第一章

形成以「和善」为核心的校长管理艺术

第一章

以力服人者，非心服也。以德服人者，中心悦而诚服也。

——中国古代著名思想家、教育家 孟子

一种真诚的理解和信任的关系，一种和谐安全的气氛，是成功的学校和教育的保证……校长作为学校的主要教育者，校长的个人范例，对教师的心灵而言，是任何东西都不可能代替的最有用的阳光。

——俄国著名教育家 乌申斯基

其实，管理从本质上来说就是服务。无论是作为领导者管理国家，作为校长管理学校，还是作为老板管理企业，无一不是为了服务他人。既然如此，就涉及服务心态的问题。一个好的管理者，必定是一个充满智慧的深谙服务之道的人；而一个失败的管理者，则一般是高高在上、不肯弯腰低头看看下面做事的人是什么处境。这两种截然不同的管理方式，其效果也完全不同。历史上曾有的一句名言，"得道多助，失道寡助"，就是对这两种管理理念所产生效果的最好诠释。

俄罗斯教育心理学的奠基人、著名教育学家乌申斯基对于教育中人与人的关系，作出过这样的理解："如果教育学希望从一切方面去教育人，那么就必须首先也从一切方面了解人。"我国的教育改革家魏书生认为，校长管理要有凝聚力，就要让全体的教职员工对其产生亲近感和发自内心的信任与敬爱。所以，具备亲和力是校长必须要重视养成的一项能力。

这些观点我都非常认同，因为无论从我的管理方式传承，还是从我自身的管理实践与认知，均是以这样的管理思维去做的。

校长心中的奉献精神和服务意识

记得1996年我去东莞实验中学工作,当时学校新办不久,需要调任大量教师支援。彼时我是学校的办公室主任,很多老师的工作调动事宜都是我亲力亲为的,有时甚至会变成大家的司机,载他们去不同的地方办理各种手续,帮那些从老家坐火车来的教师运送行李。

后来我调到东莞一中工作,当时学校的梁浩明副校长是一个很聪明、待人特别真诚、很温和友善的人,是我们年轻老师的崇拜对象。他待人处事的方式,以及管理学校的方法,都是我比较欣赏的,也对我做校长后管理学校的方式有不小的影响。

关于"以服务来管理"这一理念,梁校长对我影响尤其大,总结起来,其核心还是以人为本。对这个概念理解最深刻的,是他给我阐释这个管理内涵时,以农村烧柴火时要用到的烧火棍为例:有时候特别棘手的事情,就像火膛里的烧火棍,如果需要把它的两头都抓一下,管理者不能只抓凉的那头,却把烫手的那头给人家。这种思想体现在做人处事上,就是要时刻从他人的角度出发,为他人着想;体现在学校管理上,就是对广大师生的关心不只是在工作与学习上,还包括关心大家的生活、实际困难。其实这种全方位的，从思想到实际生活的关心，更能激发师生们的工作与学习热情，远比那些严苛的规章制度更能打动人心，催人奋进。

其实，为他人服务的意识，在我从小长大的原生家庭里，从我身边的亲人身上，也都有着非常深刻的体现。那种全家人以和为贵，为他人奉献的精神所带来的积极向上、一直向好的家庭发展走向，给了我很深的反思基点。

记得小时候，家里有五个孩子要养，父母很是吃力，我的大姑看此情况，收拾行李远赴新加坡去谋生，每年寄钱回来帮补家用。姑姑为了我们整个家，奉献了数十年，终生未嫁。这种付出是她发自内心、自觉自愿的。

她每隔几年回来，都会带两只巨大的藤编筐，那里面几乎藏了我们小辈孩子的所有童年惊喜。她也很享受给我们带来惊喜的那种亲情之美。到她年迈的时候，我们每个后辈对她也是极为孝敬的，和对待父母一样尊重她、爱护她。直到如今，她对待家族的那种奉献精神，还深深影响着我们下一代人。我们兄弟姐妹之间数十年的相处，都是互爱互助、真诚相待，彼此几乎没有什么不可化解的矛盾，这成为父母的骄傲，也成为一方美谈。

这些体悟是潜移默化深入心灵深处的，它影响我的成长，影响我对世事人情的态度，在我走上教育道路后，也影响着我的教育观。

如果要溯源的话，事实上当我还是老师的时候，在实施学生管理的过程中，我和学生相处就十分融洽，最显著的表现就是他们可以对我直呼其名，一直到现在见面时他们也这样。其实当时我的想法很简单：如果师生关系不融洽，学生们不是不敢，就是不屑于和老师亲近的。推及后来我做校长，和全校老师的关系处理上，也是一脉相承，沿袭这种关系模式。

同时，以多年在校长管理工作上的体悟来看，要想成为一个真正能推动学校、推动师生发展的服务型领导，就要在坚定服务为管理助力的治校方针后，把服务理念时刻铭记于心，并付诸学校管理的方方面面。同时，要不断进行自我调整，不断改变方法策略，以适应那些正在或即将到来的数不清的变化。

校长管理建议

* 当有老师向你反映一些事情时，不能让负面情绪主导你的思维，进行过多的批评、责难，而是要善于运用正向的语言鼓励引领老师，积极核查，诚恳检讨，迅速找到解决问题的方式。

* 当有老师对你的工作提出自己的看法时，你必须做到认真倾听，理解对方讲话的关键点。其实，不管最终结果如何，你认真听取别人意见的态度，就会让他对你信任感倍增，这对今后工作的顺利开展是极为重要的。

* 要切实地把服务的理念融入学校管理的每一处，要放下身段，要把自己与老师、学生以及家长放在同一位置，切实关注他们的合理要求，对于能马上实现的不要推诿，对于有待商榷的，也要努力逐步完善。

* 在与人相处或者处理问题时，都要换位思考，保持一种乐观的心态。如果你把什么人都想成好人，把什么事都想成好事，那么人也会容易相处了，处理事情时你的信心增强，事情也就容易解决了。

在实际工作中，这些策略也确实让我收获了很多。无论在东莞一中、东莞实验中学，还是现在的东莞外国语学校，老师们都很容易接纳我。我曾在一个学校待了很短的 10 个月时间，担任校长职务，那里的同事们给了我一个很高的评价，说我对学校最大的贡献是改变了大家的心态。

我不仅仅关注他们的工作，还会关心他们的生活，甚至连教师们的就餐环境、停车位置怎么设计都放在心里，这让大家都觉得非常温暖。之前，大家都感觉学校决策的事情和自己无关，认为自己所提的建议、关注的东西也许对决策毫无意义，但是我的"无论职位高低都是一家人"的管理态度，让很多老师的这种观念发生了改变：他们的事情和学校息息相关，学校的事情和他们也息息相关。这就充分调动了团队献计献策的积极性，形成了学校事务大家管理、自觉管理的局面。"教，就是为了不教……教育管理者要有所为有所不为。教育管理很根本的目标就是为了发挥每个人的天赋，遵循个人的特长，最有效地发展其能力，要他们自己做、自己学。"[①]

当年在我即将离开短暂任职的那个学校时，有很多老师都非常不舍，甚至有个老师还发了一条几百字的信息给我，希望我好好考虑一下留下来。我说这些，只想告诉我的同仁们，一种正确的管理理念对于凝聚一个学校的力量，有着非常重要的意义。

和东莞一直秉承的真诚做事、踏实做人的传统一样，我一直深信，事情是做出来的，不是说出来的，只有脚踏实地，付出汗水和努力，用真心去换诚心，校长管理工作才能顺利、高效，最终收获教育教学的成功，育人目标的达成。

---

① 语出古罗马教育家昆体良。

以信任为纽带，做团队的引领者

"要成为教育的先行者，就要成为教师的引领者。教师是学校里最重要的师表，是直观的有效益的模范，是学生最活生生的榜样，是学生身心健康的引路人，而教育管理者更要成为师者之师，成为教师的模范。"②

如上节所述，校长具备奉献精神，是实施高效管理的有效保证。同时，在校长管理艺术中，一个校长是否有威信，对于一所学校的管理能否成功也十分关键。但校长的威信不是靠下达一个又一个严格的指令，或者是过于严厉的说教得来的，而是取决于校长在处理学校事物时的态度和工作方式，它需要校长坦诚地与大家相处，要用一种非常有智慧、有亲和力的方式取得大家的信任后，才能得来。

信任无论在任何一种关系中都十分重要，它不仅是人与人之间的关系中最基础的部分，还是其中最重要的内容。只有人与人之间存在信任，人们彼此才能存在沟通、理解、支持，才能资源共享，创造出良好的发展氛围，最终彼此成全，共同进步。因此，经验丰富的校长

---

② 语出德国著名教育家第斯多惠。

们都深知，那些坦诚的对话、温馨的叮咛、充满信任的鼓励，会比任何严厉的惩戒对推动教师进步的作用更大。

而我个人，无论是和朋友相处，还是做老师管理班级，再到后来做校长管理学校，一直都秉持着这种极为坦诚的方式。几年前，我在和一个年轻的老师聊天时，不知说了一句什么话，当时就把他给吓了一跳，由此他断言我是一个很透明、没城府的人。事实也是如此，无论有什么事情我都会当面诚恳地给人家讲出来，而我对别人的评价，也都是发自内心的。在做事情的时候，我不会出现那种当面一套背后一套的行为。其实这样做的好处是，当别人了解你以后，他会对你这个人无比信任，我想，这就是所谓的"真心换真心"吧。

但是，不可避免有些同事在刚和我一起工作时，还不是太习惯我的工作方式，因为一旦遇到什么问题时，我经常会直截了当地说，所以这就让他们觉得：是不是有什么事情做得让校长感到不满意，导致校长在故意针对自己、为难自己？有些老师就把这样的疑惑反馈给我，我知道这样的疑惑之后，立即向他们解释了我的考虑。

校长管理心得

当场直接把问题提出来的原因。

第一，是纯粹希望能够找到一个更好的解决办法，使工作能够做得更有成效。

第二，有效管理，把握时机是很重要的。当问题出现，一定要当机立断地去解决，这就像用洗衣机洗衣服一样，如果时间点没有把控好，它就会马上提醒一下；做得到位的话，它也会提醒一下，这些及时的提醒让人印象深刻，也会促使你马上把问题解决掉。如果一个问题已经过去很久，大家都没印象了，你再来讲这个事情该怎样处理，解决效果可想而知。

第三，把对方的不足之处说出来对其来说也是一种非常好的成长推动，这就像打球一样，打得好与不好暂且不论，如果有人能和你仔细分析一下这些动作的要领，你的能力不就得到提升了吗？

第四，有必要告诉大家，无论校长提出了什么严格的要求，也只是解决事情的一个方式，里面绝没有掺杂自己的个人情绪。

通过我的解释，很多同事明白这只是我一贯处理问题的方式，然后接下来我们的沟通交流就都变得非常顺畅了。我惊喜地发现学校有许多和我一样志趣相投的同事，我们遇到事情时不会放着不管，而都会非常执着于马上把它分出个是非曲直，然后再研究出解决之道。所以无论是在我们管理团队内，还是和老师们一起沟通时，大家彼此都感觉非常舒服，每次的沟通也都非常顺利。

当然，我也觉察到这种工作方式虽然高效，但还是有问题的，有待改善的。因为虽然这种工作方法的出发点是好的，但在实际操作时还是要注意沟通方式，比如说话的时候要尽量婉转一些，不要太直接了，因为并非人人都习惯这样的交流方式，只有那些清楚我工作风格的人才能接受，而这种接受是需要一定时间的相处才会有的。

所以，平时老师们在和我打交道的时候，通常都不会有太大的心理负担，大家都是表现出一种发自内心的很放松的状态。对我个人来说，这种彼此间的信任也是无比珍贵的。正因为我这个校长是个很透彻的人，大家在和我交流时压根不用小心翼翼地做防范，如果我认为某个人在做某个事情时有问题，我就会把想法很清晰地表达出来。

此外，作为学校领导，我们在处理好学校事务的同时，还要能够影响并引领老师不断突破自我，不仅能够把学校安排的工作做好，把学生教育好，还要能够协助领导把学校工作处理好。在这中间不一定是由你告诉人家做什么，而是校长自己要有示范与引领的举措。其实很多解决问题的方法策略，不是已确定下来就万事大吉了，而是需要用一些领导智慧来推动其具体实施。

我在多年的工作中，通过解决很多重大事情，也总结了不少的经验。

第一，觉得对的事情就做，不要瞻前顾后，犹豫不决。其实在引领教师团队与学校的管理中，学校的管理者应掌握一些必要的技巧。一些解决问题的办法，不是靠几个领导关起门开个会就能找到的，而要广泛地征求各方意见，让大家多点碰撞。相信在这种管理机制之下，不仅能使问题得到迅速妥善的解决，还能自然而然地激发大家自身的一些潜能，这样不但能使整个团队的成长越来越好，还能让每一个人的能力得到提升。

第二，如果在工作中每个人都是积极、热情且有自信的，那么那些所谓的令人头大的麻烦事做起来也不至于让人觉得那么累。事实上，如果大家都能各司其职，把自己的工作做到位，不要做什么事都等着指挥，学校的工作开展起来可能就要简单很多。有时候领导层考虑的东西可能会更宏观一些、全面一些，但那些具体的细节或者基层的东西，可能就没有大家了解得多了。所谓众人拾柴火焰高，单凭一个人的想法，无论任何时候都比不上大家集思广益来得周详。

很多学校外的朋友在深入了解我们学校的管理氛围后，都会很好奇我怎么创设了一个像家一样的学校，老师怎么能从我身上找到像家人一样的感觉？其实从办学之初，我给学校微信群取的名字就是"莞外大家庭"。我在很多场合都说到过这样一段话："希望我们莞外人是一家人，希望我们在工作目标上一条心，在努力奋斗时能拧成一股绳，我们的目标就是把工作做好，把自己发展好，也把学校发展好，最重要的是培养真正具备国际视野的学生。"我在这个大家庭里面的角色就是兄长，大家是弟弟妹妹，我希望大家有什么事情都能开诚布公地讲出来。事实上，我们学校的整个氛围就是这样，教师团队是这样，我是这样，管理人员也是这样。

"教师不仅是知识的传播者，而且还是模范，是榜样，而教育领导者更是教师的模范和榜样。管理的实质是影响他人为目标而工作，真正的管理者，其领导能力来自让人钦佩的人格，人格美丽铸就'领导'艺术。"[3]在莞外这艘不断前行的大船上，我们每个人只是岗位不同而已。作为船长的我，希望大家目标一致，更希望我们的干部不管做什么事情都以身作则。比如说学生的测试改卷，管理岗的人员也都要和老师做一样的工作；在上公开课的安排上，领导层也要和老师一样，服从学科组、年级组的安排，不能因为是领导干部就搞特殊、不参与。我认为干部是干出来的，不是说出来的，也希望大家一起努力精进职业生命，而不是背道而驰。

因此，一个校长所谓的管理，一定要落实到重视学校里的人际关系、干群关系、同事关系、师生关系以及家校关系这样的细节上来，要明白教育中的任何一种关系，都属于和谐、包容、理解、互相关怀的教育学范畴。

---

[3] 语出美国著名教育家、心理学家布鲁纳。

教师职业倦怠，校长如何反思

现在社会上的很多人，当然其中也包括学校里的某些老师，时常会谈到职业倦怠的问题，其实这是一种对工作失去兴趣，没有更好追求的表现。

职业倦怠，其实也是职业枯竭症，它是由工作引发的一种心理倦怠现象，是上班族们在工作压力之下出现的身心交瘁、动力不足的心理现象。这种疲乏感和身体上的劳累不同，它是一种来自心理学意义的疲惫。其实，当一个人长期从事某种机械重复的工作时，很容易产生乏味、厌倦的感觉，随之就会在工作中变得无精打采，只是如木偶般做着惯性的重复。所以，国外曾有心理学家把患有职业倦怠症的人叫作"企业睡人"，这个称呼可谓非常生动形象。

一旦产生了职业倦怠，人通常有三种表现：第一种是丧失工作热情，变得脾气暴躁，对未来感到迷茫，对周围的任何人和事物都没有兴趣。第二种是工作态度不积极，对需要服务的对象非常厌烦。如果这个人是教师，就会无缘无故对学生发脾气，不配合学校的工作，与其他老师关系淡薄。第三种是对自我价值的认同感下降，感觉不到工作的意义，甚至会产生放弃工作的想法。

作为校长，我一直比较关注职业倦怠这一问题。其实，相比其他职业，教师更容易产生职业倦怠，因为老师身上承担着多重责任，如管理班级、传授知识、研究教育方法、关注学生心理问题、处理好家校沟通、迎接上级检查等。这一切，都会让老师们的工作量不知不觉地加大加重。我觉得，当一个学校的大部分老师出现职业倦怠的时候，做校长的首先要反思：学校的管理层对老师们是不是缺乏一些精神上的引领？作为学校的管理者，该如何应对这一问题呢？

引领老师把工作与休息分割开来。学校的管理层要想方设法引导老师把工作与休息分离开来，不要回到家还想着工作，回到学校还在为家里的事情忧心。事实上，想要将工作与休息彻底分割开来，确实是比较难做到的，但为了解决职业倦怠问题，我们还是要从各方面帮助老师们尽量做到这一点。

校长管理心得

如何把工作与休息分开：

一、反复提醒老师们尽量在工作时间完成手头上的事情，不要让它们占用自己的休息时间；

二、在学校，不需要那么多人参加的活动，就尽量派几个人参加，这样大多数老师都能有更多的时间休息；

三、在休息日建议老师和家人一起外出游玩，舒缓一下紧张的情绪。

这些方法都能有效帮助缓解老师们心理上的疲惫，放松心情。

引领老师对工作产生浓厚的兴趣。假如老师在工作时充满好奇心，对工作有不断去研究，并把它做得更好的想法，那么这时工作就成了他的乐趣，工作的时候也能够变得开心起来。作为老师，我们每天要面对不同的学生，而且这些学生身上每天肯定会发生很多不一样的事情，在这些充满变数的工作中，处处都有挑战，同时也处处充满着惊喜。如果老师每天都能用心发现这些隐藏的东西，又怎么会觉得枯燥呢？它们会推动老师不断去思考，不断想着怎么把事情处理得更加完美，在高质量地解决好问题，获得领导、学生家长和学生的认可后，我相信老师的那种对职业的自豪感，以及对自我价值得以实现的满足感，都会油然而生。但这些都需要一些理论上的指引。

引领老师努力提升自身的专业水平。在新课改实施的过程中，老师同样也面临着改变，这让老师面临的压力也进一步增加了。这时，就需要学校出台相关政策，以帮助老师们迅速提升应对各种改变的能力。比如，学校可定期寻找专业人员对老师进行培训；在学校内部也可组织帮扶小组，由那些业务能力较强的老师给大家传授经验等。相信老师们的专业能力提升以后，他们对职业的自信心将大大加强，工作积极性也将会有一定的提升。

构建温馨，充满人文关怀的校园环境。学校的校园文化建设对老师的影响也是非常大的，试想，有谁不想在一个温暖有爱、一派和谐的环境中工作呢？一个好的校园环境，能让老师们找到家一般的感觉，而这种感觉能有效消除一个人在工作中产生的紧张感。

除此之外，不管是教师，还是从事其他职业的人，在觉察到自己产生职业倦怠时，一定要采取一些必要的措施，来进行缓解甚至消除。其实，在产生职业倦怠的初期，大家都以为它就像感冒时打个喷嚏那样，没什么大不了的，但事实却并非如此。当找不到职业倦怠的真正根由时，一个人往往会越来越不快乐，如果任其发展，最后甚至会导致抑郁的发生。所以，一旦出现了职业倦怠的苗头，我们就需要马上寻找根源，积极进行自我调整。

作为教师，一旦发现自己产生了职业倦怠，就更要采取有效措施，控制住它的发展势头了，因为相比其他行业，我们服务的对象是一个个可爱的孩子，如果我们的身体出现了状况，那影响可就大了。所以我们可以通过下面几点来缓解这种症状：

第一，遇事不要钻牛角尖，要学会从多个方面思考问题。不要因为一时的不如意患得患失，要懂得自我开解，给自己加油打气，不要妄自菲薄，过度否定自己。

第二，感觉自己情绪低落，工作积极性不高时，要努力提升自己的专业水平，增强知识储备。其实，很多时候职业倦怠的产生都是源于一个人对自己个人能力方面的不自信。因此，适时地充充电对一个人的职业发展非常有利，在你个人能力提升的同时，职业倦怠感也将大大减少。

第三，走出自我封闭的小圈子，多交朋友。有时候人的不良情绪郁结在心里，是很容易出问题的，如果我们能找到知心的朋友进行倾诉，有时即便听你诉说的朋友并不能真正帮你解决什么难题，但这种倾诉对帮助你走出坏情绪仍将是非常有用的。其实，很多人受坏情绪困扰的原因就是不喜欢向别人诉说，殊不知这是一种能及时纾解不良情绪的有效方法。

第四，积极参加一些运动，以抵抗不良情绪。运动能帮助人们缓解压力，舒缓心情，因为人在运动时体内会产生一种腓肽激素，它能使人心情愉悦，因此也被称为"快乐因子"。所以，一旦发现自己工作压力过大，进而情绪不佳时，就可以选择通过运动来舒缓心情，比如慢跑、和朋友一起打打球，甚至可以改变一下运动的环境，去爬山、郊游等。相信这些对于大家改变坏心情一定会大有用处。苏联著名教育家苏霍姆林斯基对于教师的疲劳和倦怠，也有很好的建议："正确的休闲，特别是在夏天和冬天，能发展并增强神经系统的补偿能力，有助于养成沉着、平稳和使情感爆发服从于理智控制的能力。"④

  其实，当一个人陷入职业倦怠时，任何一种外部力量的帮助都只是辅助性的，主要还是要通过自己的积极调整，才能使你的焦虑得到缓解。所以如果出现了职业倦怠，我们不妨参考上面提到的方法，及时应对，虽然生活中不如意的事十之八九，但只要我们愿意做出改变与努力，相信生命的幸福指数还是可以不断提升的。

---

  ④（苏）B.A.苏霍姆林斯基：《给教师的建议》，长江文艺出版社2021年版，第11页。

教师的职业反省，从"讲故事"开始

每位家长在把孩子交到老师手中的时候，肯定是对老师有某些期待的。作为老师，我们同样都曾经历过学生时代，都知道什么样的老师最受学生欢迎，也知道家长想把孩子交到什么样的老师手里。而作为学校的领导，我们最主要的任务是引领老师良性发展，让大家都成为受学生欢迎的老师。

和我比较熟悉的朋友和同事给我的评价都是："你真是一个没有一点架子的人。"在工作中，我喜欢以一种平等的方式处理问题，而不是采用那种高高在上的命令式的方式。我这种为人处世的方式，不仅源于我的性格，还源于我深信只有这种方式才有利于让教育变得人性化，才有利于我与他人进行真正贴心的交流，才有利于学校各项工作的顺利开展。

基于这个原因，我们学校所采取的一系列促进教师成长的方针，都比较受大家欢迎。因为这种通过沟通交流，都是在深入了解彼此的情况下进行的。比如，我们会经常给老师提供各种座谈会来不断展示自己，我也参与其中。在这种展示的过程中，大家就能以彼此为镜，既可以从别人那里照见自己的不足，找到自己可以改善的地方；也可以看到别人的优点，多发现自己可以提升的地方。

不过，在组织此类活动时，我会在强调过程的同时，也注重结果。会告诉组织者不能在座谈时让大家聊得天花乱坠，过后就不管不顾了，而是每个人都要对会议讨论的东西进行提炼与反思，如此才能让自己获得迅速的成长。

校长管理心得

及时总结的重要性：

第一，这种思考并不会占用你太多时间，但它对于你个人今后的成长帮助很大。

第二，这种思考要趁热打铁，不要等过了几天才想到要去总结，因为时间一久，人的记忆就会模糊，而这种理念化的东西，需要一定情景的催化才能更迅速地走进人的心里。

第三，不仅是参加了某个活动要做归纳反思，我们还需要养成一种日常爱思考的习惯。

其实，做到这些并不需要我们"每日三省"，只要做到经常自省，或每次都省得非常透彻就可以了，长此以往，自省的习惯一旦养成，何愁自己得不到发展进步呢？

我们学校还会定期让工作做得好的老师做一些主题报告，与大家分享心得经验，这样既能增强这些老师的专业自信，又有助于他们保持追求专业精进，同时也能让他们成为其他老师的榜样，从而形成一种以优秀带动优秀，让优秀走向卓越，让每一个人都变得越来越好的良性循环。

除此之外，在工作中，我们不仅鼓励老师大胆讲出自己的故事，还经常通过讲故事的形式来激发老师的认知，比如对于"学校该培养什么样的学生"这一话题，我就以在网上看到的一个帖子为例，和老师们分享了一下我的观点。

那个帖子内容被发布在我们的一个校长群里，讲述的是一个退休老教师找女婿的故事，原文如下：

有一个退休的女教师，近期心情有点焦虑，原因是她的独生女已经过了30岁，别说结婚，连对象也没有。于是她原来的同事或周围的朋友，就建议她多打听留意有没有优秀且没有结婚的男生，做她女儿的对象。

某一天，她原来的同事打电话给她，说前段时间参加原来教的一个班的师生聚会时，发现有一个当年很优秀的学生还没结婚。该男生30出头，是个公务员，在某机关里做副科长，听起来条件挺不错。这个老教师很高兴，就找时间约该男生与她女儿见面，先让两人试着了解一下。

大概过了一个星期，介绍该男孩的同事就问老教师，她女儿和那个男孩的交往情况如何，结果老教师说不合适。同事很奇怪：男孩单位好，人品也好，怎么会不合适？

那个老教师就说，第一，男孩身体不够好，30岁出头，头发就很稀疏，弓着腰满脸憔悴，还戴着一副厚厚的眼镜，可能在机关里经常加班；第二，通过了解得知男孩除了工作之外，并没有其他兴趣爱好；第三，男孩性格比较木讷，聊天时都没话说，问一句答一句。

基于上面的原因，老教师认为，假如女儿嫁给这样的男孩，哪里有幸福可言？

听了这个故事后，大家着重讨论了一下：我们做老师的，评价一个学生的好坏时该关注什么？

其实，大部分老师都认为一个学生成绩好就好，至于学生身体好不好、性格好不好、爱好广不广泛、和别人的沟通能力怎么样等，从来都不是关注的重点。

但将来的事情谁能想得到呢？也许未来有一天，被这些老师培养出的学生，要做他们的儿媳或女婿了，他们对待这些学生的标准就会和原来做老师时完全不一样了——原来最看重的东西早被抛到九霄云外，而那些之前他们从来不管不问的细枝末节，反而成了诸多因素中的关键所在。

所以有人开玩笑说，我们做老师的，要以培养未来女婿和未来儿媳的标准来培养学生。其实这个标准也就是要把学生培养成身体好、性格好、爱好广泛、阳光向上和善于交流的人。

当时我在开会中讲到这个故事后，老师们纷纷大笑。我相信笑完之后，大家一定会有所感悟和触动的。

就是以这样的方式，在我们学校，不管是年长的老师，还是年轻的老师；不管是优秀的老师，还是普通的老师，乃至体育老师，都会有机会在教职工会上讲讲自己的教育故事。

从结果来看，这样的讲述非常有意义。作为新时代的教育工作者，我们要承接上一个时代人的宝贵精神财富，还要引领下一个时代的人走向辉煌，是承前启后的一代，所做的工作也特别有意义。我们在思考我们要培养什么样的学生的同时，也要通过一些交流去思考：学生会需要什么样的老师？

处于当前的社会环境下，所有的老师都要思考一下该怎么样做老师，道理很简单，你只需要回想一下：当年读书时和老师发生了哪些故事？当年你希望被什么样的老师教？难道只是要求老师教学水平高吗？难道只是要求老师教学经验丰富吗？著名的教育学者李镇西说："教育是心灵的艺术……每一个环节都应该充满着对人的理解、尊重和感染……"⑤其实关于学生真正需要什么样的老师这一问题，每个经历过学校教育的人，回想一下自己的成长故事，心里都会有一个答案。

在多年的求学生涯中，我想一定有老师是令我们难忘的，这些老师无非有两种：一种是给予我们温暖的，给我们留下美好印象的；一种是伤害我们的（或许是无意的），带给我们苦涩记忆的。如今，我们也成了老师，如果能从自己的亲身经历里有所感悟，就更容易让我们避免重蹈覆辙，成为那种给别人带来伤痛的人，更有可能成为在学生心中播撒爱与温暖，为他们的生命带来点点亮光的人。

---

⑤ 李镇西：《李镇西教育知行录》，山西教育出版社，2019年版，第291页。

找准教师队伍健康发展的途径

虽然踏入教育行业的大门已经很多年了，在校长这一岗位上也有十多年了，但相信比我做校长时间更长的，比我对校长工作理解更深刻的，大有人在。可我仍然想把内心的感悟说一说，虽然它们不是多么精辟，就当抛砖引玉，与大家共勉吧。

当然，从学校教育的角度来说，学生是教育工作的重要对象，学生的健康成长，在学校工作中肯定是非常重要的。但是从校长的角度来说，在推动学校工作的过程中，老师的发展也是不容忽视的，老师发展好了，学校的管理工作也就相对轻松不少，因为那些所谓的宏观、高大上的理念与思想，都是老师在落实的，特别是老师有了一种主动发展的意识后，一个学校何愁发展不好？一个校长的办学理念何愁不会变得更加丰富以及得到更好的实施？

因而，教师队伍素质的提升，也理应成为一个校长必须要时刻关注的问题。在对老师的引领上，我不止一次地听到很多校长抱怨，说现在的老师很难管。而我在这方面就没有太多焦虑的地方，甚至很少产生过这种想法。

我想，这些校长之所以认为现在的老师难以管理，可能是把所谓的管理理解成了控制。而我则认为：

第一，管理不是控制，而是要引导大家与你的理念尽量契合。你可以控制一个人不去做什么，但他们脑子里怎样想，是你无论如何也主宰不了的。因此在《孙子兵法》里才有"攻城为下，攻心为上"的论述，所以，想让别人对你的观点心服口服，用强硬的手段不行，还是要运用一些"战术"。

第二，要允许别人有不同的想法。因为立场与观念的差别，在做一件事情的过程中，你并不能强迫所有人都和你的想法一样，只要大多数人和你保持一致就可以了。同时，只要你的想法是正确的，相信在事实面前，那些与你想法不一致的人也会心服口服的。这些年我一直都是这样开展工作的，通过骨干教师对其他老师的引领，以及长时间的交流沟通，大家达成了共识，就可以实现整体教师队伍素质的提升。

第三，作为校长，要善于发现老师身上的闪光点。"人性最深刻的需要就是希望他人对自己加以赏识"。[6]在对教师进行引领时，赏识也是一种非常实用且有效的方法。我曾听到过这样一种说法，最好的管理方法就是让被管理者感觉不到自己被管理了，而赏识就有这种作用。因此，对于学校安排的工作，有的教师就算一时做不好也没关系，我会在私底下与他们交心，鼓励他们，让他们放下包袱，尽最大的努力去勇敢尝试。此外，还有一点是管理者要永远牢记的，就是不管学校出台什么政策，或决定做什么事情，一定要有站在老师立场上的意识。有时领导的出发点本来是好的，但这并不是工作顺利实施的关键，怎么让具体的操作得到老师们的认可，才是最重要的。因为那

---

[6] 语出美国的心理学家威廉·詹姆斯。

些得不到大多数人认可的措施，实施起来确实是很难的，所以，在学校工作中，互相理解与沟通是非常有必要的。

比如我们学校推行让大家通过讲故事这一形式互相学习，就没有强硬地要求老师们一定要怎么样，而是找一些工作做得很好的老师，先给大家进行展示、分享，这样自然能影响一大拨人。其实，很多理念、文化方面的影响往往都是这样实现的。

同时，我相信没有人不想把工作做好，老师也一样，只是在这个过程里，每个人对某个工作投入的精力与侧重点不同，因此我们一定要从好的方面来评价一个老师，同时要坚信，每个人身上都是有可取之处的，每个人都是希望得到激励的。就算是那些现在工作不被大家认可的，表现最差的人，也希望领导能够欣赏他，而他身上也一定有一些不易觉察的优点。因此，对于犯错的人，除非他的错误很严重，否则我不会轻易批评他们，而是会在私底下对其目前状态提出一些建议，或者从其他角度来详细分析，帮他们找到解决问题的方法。

第四，学校要给老师提供一个平台，让老师参与到学校的日常管理事务上来，这会让老师们觉得学校所有的事情都和他们有关，会让他们更加有主人翁意识。让老师对学校工作提意见，就是一种比较好的参与方式。假如老师们提出的想法被采纳了，他们就会觉得自己还是可以为学校发展献计献策、贡献力量的，自己工作的潜力还是很大的，那么在工作时就会更加信心十足，斗志昂扬，不会产生那种"这都是学校的事情，和我没关系"的念头。所以，我觉得校长应该永远把对教师的引领放在一个非常重要的位置上。

第五，学校工作的重心应更多地放在关注教师队伍的建设上。最近这几年，特别是在创办东莞外国语学校之后，我更多的关注点会落在老师身上。我一直在思考，如何才能让老师保持一种好的工作状态，好的思想状态？这可能比我思考学生问题还要多一些，因为老师才是教育学生的主要实施者，学生发展的好坏与老师的关系很大。只有老师的能力提升了，精神状态保持好了，对学生实施的教育教学品质才能得到保证。

最后，作为学校的领导者，我们要清楚，在学校工作中，无论是实施教学活动，还是营造学校的文化氛围，老师都是很重要的一个桥梁。因此，在工作中，不能依靠喊一些高大上的口号，去强迫老师工作，而是会换位思考。因为我也是从一个年轻老师一步步成长起来的，深知任何人在努力工作的同时，都希望获得认同感与成就感，希望得到学校领导的欣赏、同事的认同以及学生与家长的信任，所以无论平时还是节日，我们学校都会用不同的方式对在各项工作中表现突出的老师进行表彰。

虽然从普通老师成长为优秀老师，包含诸多因素，但一个好的管理制度的引领和推动作用也是不容忽视的。因此想要培养出一批素养非常高的老师，好的引领方法必不可少。在如何引领教师走向更优秀的道路上，校长的责任任重而道远，还需付出更多的努力，以便找出更多适合教师队伍健康发展的路径。

创新发展教学途径，助力教师成长

为了帮助老师提升能力，给孩子们带来一个更广阔的世界，我校小学部曾多次邀请教育界的成功人士到校讲课。比如李振村教授就围绕"全课程"这一全新教育理念开展了多次讲座。

李振村教授是《当代教育家》杂志总编辑、北京亦庄实验小学校长、全课程的创始人。多年来，他一直致力于推动课程改革，以便让更多的孩子享受全课程带来的全新生命体验，让学习真正融入孩子的成长，培养孩子全方位发展的能力。

李教授提出教育应超越教材、超越学科、超越课堂、超越校园，面向历史文化、面向真实生活、面向广阔世界。同时，李教授还给老师们详细介绍了《草木染》《节气课程》《月亮课程》《教育戏剧》等全课程教学内容，这些课程综合了语文素养、审美教育、科学知识、音乐舞蹈等学科，生动诠释了全课程通过给孩子构建宽广的智力背景、提供丰富的学习体验、培养灵动的思维特质以及学习与他人和世界相处的理念，让中国文化植入孩子的生命，并积极营造全脑、全身、全方面、全时空的学习方式，使孩子学习生活本身，直面生活，解决实际问题，实现真正意义上的育人。

我们开展讲座，旨在让全体小学部家长更加深入了解全课程的课程设置与内在真谛，家校携手，助力孩子在以全课程为桥梁的学习之路上走得更远。

我校的小学部早已引入了"全课程"这一教育理念。一路走来，我们小学部的教师，一直坚持以儿童为本的全课程理念为指导，着眼于儿童成长需求，让教育回归到儿童成长本身，让孩子成为课程改革、教学改革的起点和归宿，并且取得了一定的成效。

在践行"全课程"上，我们莞外教师一直在前进，在校内，我们还多次组织老师们举行教学经验分享交流会。比如，疫情期间，一年级语文备课组利用全课程教材，通过网络信息化平台进行"发现春天"的项目式学习。这次项目式学习，以语文学科为主导，融合科学、美术、音乐等学科，进行探究性学习，旨在让学生调动多个感官去感受春天的美，多个角度去探索春天与人们生活的关系，感受生活的美好。

因为处于疫情宅家学习的特殊时期，在对课程进行设计时，老师们不断调整，因地制宜，通过网络平台推送学习资源，远程指导学生进行学习和活动实践，让学生诵读春天、歌唱春天、描绘春天、"手制"春天……有老师坦言，在"发现春天"课程的开发与实施过程中，能让人真切感受到课程实施的饱满度，有赖于制定有序的教学计划，与各成员齐头并进的分工合作，以及多学科的融合，这给项目式学习的实施带来了无限可能。

与此同时，全课程理念下的整本书共读，也在我校实施多年。比如五年级语文备课组在全课程理念的指导下，曾选取部编版五年级语文教材"快乐读书吧"栏目中推荐的阅读书目《民间故事》和《西游记》，指导学生开展整本书共读。他们以微课和直播的形式进行多维度的阅读指导、内容梳理阅读单、以问题为导向的思维导图绘制、主题手抄报绘制编写、趣味阅读过关题解答、硬笔书法作品书写、经典情节剧本改编、舞台剧展演……老师这种循序渐进，丰富多样的教学形式，极大地激发了学生阅读经典读本的兴趣，推动了他们的阅读进程，同时也引领学生进行了深入阅读与思考，让学生体悟阅读与生活的链接。

　　在这样的阅读生活中，学生的视野、思维、认知、情感，都能得到全方位的提升，生命和精神都获得成长。更令人可喜的是，这些以"全课程"理念为基础制作的微课、撰写的论文都获得了市级的奖励，其中还有两个课题获得了市级审批立项。

　　学生在阅读活动中的成长，以及这些教研成果的取得，更坚定了老师们继续坚持在全课程理念指导下开展整本书共读的教学理念，也更坚定了大家追寻教育真谛的信心。

　　除此之外，我们对于新的教育模式的运用，也是全方位的。比如对在英语阅读教学中运用思维可视图的探索。

　　阅读，在英语学习里扮演着重要角色，尤其对正在成长中的学生来说，学会阅读英语是他们形成语言能力的重要途径，也是促进他们身心全面发展的重要基础。老师们一致认为，思维可视图的运用，使学生对英语阅读的学习更有兴趣，思维更有方法，学习也更有深度。同时，这也让老师的英语阅读教学有方法解读、有思路、有研究方向，这一研究也获得了市级课题的立项。

　　再比如，利用STEP框架进行足球运动能力教学实践。

　　体育教学面对的是全体学生，而学生的能力是各有差异的，因此，体育课也要"因材施教"，进行差异化教学。那么，体育课堂如何实施差异化教学呢？为了满足学生不同的学习需求，研究该方法的老师认为，可以给能力强的学生设置任务难度更大的挑战，而对于能力较弱的学生，则安排更简单的活动，以便他们更好地掌握上课内容。例如，在足球运动的教学过程中，围绕"如何改变"这一问题思考，从S（空间）、T（任务）、E（器材）、P（人）四个要素出发，通过改变其中的任意一个或多个要素，调整课堂任务，因材施教，就能通过差异化教学的方式，来维持良好的教学效果。

莞外是一所年轻的学校，教师就是莞外发展的强大动力，他们的个人成长与学校提供的平台紧密相关。"你送我成长，我馈你风帆"，学校的发展与老师的成长相辅相成。因而，学校将一如既往地给老师们提供更广阔的教研平台和成长空间，希望老师们都能坚持"育全人"的初心，以全课程理念为导向，继续积极进行教研探索，以"研"促"教"，以"教"导"学"，促进自身的专业成长，乘风破浪，从而到达"教学相长"的理想彼岸。

科学的教师评价——一剂促进教学相长的良药

提升教师素质,其实是我们教育改革中一直都存在的话题。而开展教师专业发展评价的目的,是为了让每一个教师的素质都能提升,并逐渐变得优秀。

做了那么多年校长,我深知一个好的教师评价制度,对一个学校教学与管理工作顺利开展的重要意义。我一直坚持的评价理念就是:评价标准要充分调动每一个岗位上人员的积极性,让他们主动思考问题,解决问题。这是一个很典型的理科生的科学思考问题的方式,也是一种非常有效的评价式管理方式。

从表面上看,这种管理方式,好像并没有多么高效,还有管理上偷懒的嫌疑。但我却能很笃定地说,这种工作的方式比较科学,操作起来很简单,我把它归纳为四个字——"大道至简",就是把大的问题拿出来和大家一起研讨,来使小问题能很快得到解决。事实证明,这一工作方式确实有利于改善某些教师评价方式里面不合理的部分,并使它逐步得到优化,真正做到帮助教师提升个人能力,以及提高一个学校整体教师队伍素质的目的。

当年，在我刚踏上工作岗位的时候，就发现学校的教师教学评价方式存在问题，于是我就想着去改善它，但是我所谓的改善，并不是说把人家以前的评价方式全盘否决，而是辩证地加以调整。比如，有些好像不大受学生与同事欢迎的老师，竟然也被评上了优秀教师，而这一评判是通过与一系列学生的考试成绩挂钩的教师积分算出来的。由此可见，这种算法本身是存在问题的，而这也正是需要修整的地方。

随后，我通过详细了解得知，某一个老师虽然也被评为了优秀教师，但无论同事和学生，其实都不怎么喜欢他。我搜集到的意见有几种。第一，他经常给学生布置大量的作业，让学生不顾一切地刷题，假如学生考得不好，他会一整节课都在批评学生。第二，他有好的教学资料从来不与别人分享，办公桌抽屉里的东西从不给别人看，并且从来不承担备课组的工作。就这样一个在众人眼中有争议的人，被评上了优秀教师，先不说这个人自身的教学水平如何，单就他这种个人修养，如何能成为广大老师的榜样、成为学生心中的好老师呢？这更让我下定决心去改变这种存在着种种弊端的教师考评制度。

其实，一个好的教师评价制度应该遵循下面几个原则。

第一，多元性。我们在对教师进行评价时，不能只把重点放在学生的成绩上面，成绩可占比55%左右，剩下部分应有孩子对老师的课堂评价，还有学校层面对老师的工作态度、工作能力等方面的考量，同时还要有教师群体中同伴之间的相互评议，最后还要参考主管领导，即其科组长对他的评价。这些要素合起来构成100%的评分量。

这样的评价是从多维度出发的，导向更合理，也只有如此，才能把大家的价值观引到正确的方向上。而且这样一调整，个人就必须要重视和别人的合作，这样才能真正提高一个学校整体的教学水平，如果我们只看成绩，不管其他，这是非常不科学的。

第二，发展性。我们在制定教师评价制度时，必须考虑它是否能真正促进教师的发展，这种制度必须建立在充分了解本校教师现状与需求的基础上，是能提高教师工作的主动性，并能使其水平真正有所提高的。

第三，全面性。在对教师进行评价时，不但要考察其教学能力，还要考察个人道德与素养；不但要体现个人工作结果，还要看重其团队协作的能力。

第四，可行性。由于地域差异，在制定教师评价制度时，我们要因地制宜，不能一刀切，既体现共性，又注重差异，从而寻找出一些符合本校实际情况的评价方式。

其实，在我下决心改变当时学校正在实行的评价制度时，有些人觉得无法理解，因此在决定做这个事情之前，我提前在教职工会上进行了解释，和大家详细说明哪些地方有问题，要怎么解决。教育不仅仅是让孩子成绩获得提升，实际上在基础教育时期，让孩子在情感、态度、价值观、习惯等方面打下一个良好的基础才是我们的首要任务。事实证明，假如老师只重视成绩的话，孩子也会只重视成绩，进而他们就会对好的习惯、为人处事、团结友爱之类的东西不太重视了。所以，从长远来看，实施这种考核制度，无论对学生还是对教师，都是有百利而无一害的。

所以，当年一发现这些问题，我就对学校的有关规定进行了大刀阔斧的调整改变，虽然这一改变的过程并不那么轻松，但是变了总比不变好，因为只有改变了，才有了向好的方向转变的可能。

当然，不是所有的变革都能取得好的效果，一种教育制度的建立是否合理，关键要看它是否真的有利于一个人能力的提升，有利于一个团队更快速地发展。比如，我们对教师的评价从以学科成绩为重点，转向了多元化的考核，其中包括教师自评、同事互评、领导评价、学生评价等多种形式；从以前只注重学生成绩，转变为同时关注老师的道德素养与团队合作力、家校沟通能力等；从以前的只要评价制度一旦制定下来，就只是机械地生搬硬套，不去管它是否合理，是否真的能够帮助教师提高自己的水平，是否有利于真正促进学生的健康发展，转向能根据学校实际教学发展现状，及时转变思路、改变工作方式，让这种制度发挥应有的作用。

令人欣喜的是，通过实施新的教师评价制度，教师的整体素质普遍提高了，学校的管理工作开展起来也顺畅了许多，学校整体的管理与教学面貌也改变了不少。当然，这一改变的最大受益者，就是学生，在学校教育资源整体水平都有所提升的情况下，将会更有利于孩子们的健康成长与学习。

其实，从那些前辈师长们的成长，到我自己的成长，再到我身边这些老师与孩子的成长，都能印证这点。每一个要求自我进步的人，都是在不断发现问题，寻找解决问题的方法。在解决问题、使自己获得成长这一系列过程中，慢慢变得更优秀。而制定与实施教师评价制度，也是为了每一个教师及学生的成长，虽然其中会有些困难出现，但我相信当你真正获得了成长后，会发现所有的付出都是无比值得的。

以营造文化氛围来实现高效管理

在学校管理方面，除了一些制度的制定，我还融入了一些管理文化，因为我觉得它能使管理变得相对容易一些。就算必须使用到条条框框的东西，我也会在极其民主的情况下制定，给大家充分的民主权利：

第一，它必定是通过大家的充分讨论，在慎之又慎的情况下制定的；

第二，它一定是被大家广泛认可的；

第三，一旦被确定并实施，它对大家就具有同等约束力，并且不能再随便更改；

第四，在执行制度的时候，我们也不是生搬硬套，还是很人性化的，假如不是触犯了原则上的问题，一些事情会酌情处理。

在工作中，工作归工作，情感归情感，界定清晰，这样大家在和我合作时，就不会有太大的心理包袱，也可以放心大胆地去思考并实施一些事情。其实，不仅在教育上，在为人处世上，我也一直秉持这样的观点。虽然每个人的价值观不一样，但很多人都说，和我共事他们比较舒服。

所以，在看待一些事情时，有时候我们不能仅仅只看工作本身，也要考虑一下工作后面的文化支撑与情感支撑，要学会多元思考，找到一种智慧的解决问题的办法，这样才能让你的工作能力迅速获得提升。最为重要的是，在面对工作时，管理者要充满善意，要习惯于换位思考。比如，怎样才能制定出一些让他们感受到温暖的制度？只有让老师感觉到温暖了，孩子才能感觉到温暖，进而一所学校才是温暖的。

在统领学校的工作时，校长一定要对学校有更多更深入的了解，只有营造出了学校的温暖和谐的文化氛围，并真正让大家融入进去，才能更快更好地把学校的所有资源调动起来，让学校迅速发展起来。

还有一种情况，假如一个校长是空降而来的话，管理一个新学校难度更大，起码需要半年或者一年的磨合期。最大的阻力在于很多人以为你只是把学校作为一个踏板，转而又会去往另一个地方，反正你的心也不会牵挂这里，它发展得好坏与否和你也没多大关联，目的一旦达到，你轻轻松松转身就走了。在这个过程中，如果配合一些临时性的决策实施，难以确定它之后不会被改变，导致时间被浪费掉了，而这个时间是属于这个学校所有师生的。我建议这种情况下的校长，第一重要的是尽快了解学校原有文化，短时期内在原有文化基础上，营造出有你做事风格的文化氛围，然后再慢慢做其他改变。不宜过快否定旧有文化，强制推行新的文化理念。

作为校长，很多年来我都坚持这样一个观点，跟学校一步步成长起来的校长推行管理制度是最容易的。因为他对学校知根知底，老师们对他也知根知底，这就形成了他们彼此信任的基础。一旦有了信任，学校所有工作的开展都会顺利很多。当然，如果空降校长明白循序渐进形成新的管理文化，而不是推翻重来，这所学校肯定也会在他的领导下发展得越来越好。

另外，作为校长，只是对学校有所了解还远远不够，还要具备总揽全局及处理问题的能力。以我们东莞外国语学校为例，它是个有小学、初中、高中三个年段的十二年一贯制学校。在别人眼中，可能我这个校长工作起来会很繁忙、很劳累，但事实上我并不这么觉得。也可能隔行如隔山，我的这些工作如果让那些没有从事过教育的人来干，或许会很难，但一旦在这个行业里工作久了，从工作中摸索出一些规律，就不会那么辛苦了。

这就需要做校长的要有全局性思维，只去管那些宏观的事情，要善于抓住事情的主要方面，不要大包大揽，这样一来，明确责任，让领导班子成员各司其职去做去落实，校长就能从繁忙的事情中抽身，去做一些顶层设计、宏观把控的事情。

学校，应该成为让广大师生向往的地方。一位合格的校园管理者，也应该是优秀校园文化的创造者——其实，一所学校之所以能够办得非常成功，那种良好的校园文化氛围是必不可少的，而校长应该对其发挥巨大的引领作用。一种好的学校文化，能让教师工作起来充满活力，能让学生在学习时身心愉悦。

校长管理心得

如何营造好的学校文化氛围：

* 校长要认清自己的使命，担负起责任，有为学校及师生发展做贡献的决心与信心。

* 校长要根据学校实际情况，提升办学理念。因为办学理念是学校文化的根本，是学校在长时间的发展中形成的一种相对平稳的理念与目标，在师生们都认同的情况下，它的发展将有利于学校形成共同的价值标准，还能使大家在日常工作学习时心情愉悦。

* 在这一过程中，校长要加强对师生们在文化方面的熏陶，而这可以在一系列有针对性的活动中得以实现。

人文与制度融合的管理方式

一说到人文管理与制度管理的关系，大多数人都认为两者难以平衡，事实上这是一种误解，这两者既对立又统一，制度管理是人文管理的基石，人文管理反过来又能使制度管理得到升华。

学校面对的工作对象主要是人，所有的制度其实都是为了管理人而制定的。因此，它就不能不顾及人的感受，并且要讲究民主，充满人性化。人性化就是对人的尊重关怀，事务处理充满人情味，决策时提倡人文精神。英国教育家尼尔认为，人性化是信息管理最有效的方式，一个学校若想让学生充满快乐，充满无穷的活力，就必须遵循人性化的方针。

因此，学校通过广泛征求各方意见来制定制度方针的做法，本身就是一种尊重教师、尊重人、尊重学校实际发展状况的科学民主的表现。但是，学校在制定某项制度时，也要去考量其制约力、适时性、可操作性，不要让它成为一种摆设。制度在精不在多，如果制度过多，过于繁杂，对管理与量化上的要求也会增多，反而不利于我们达到预期的要求。所以，虽然制度在管理中不可或缺，但是我们在制定它时必须慎之又慎。作为学校，更要依据管理的具体需要，科学合理地制定制度，才能达到鼓舞人心，促进人文发展的目的。

不同于制度管理的是，人文管理更重视对人情感的考量，但这并不是说人文管理只讲感情，只要大家关系融洽就可以了，而是它更加人性化，更重视对人的理解与尊重。因此，在制定制度时，学校一定不能丢掉人文管理，一定要让制度充满人性化，要欣赏每个人的每一点小进步，要重视师生的成长，要充满人文关怀，给大家创造出一个和谐温馨、轻松舒适的校园环境，这样才有利于师生们的成长，而他们才会从心底里接受学校，把自己的发展与学校紧密联系在一起，这样的管理才是成功的管理。

在我们学校，很少有老师跟我抱怨工作的事情，大家的工作氛围一直是比较轻松愉悦的，同事之间的关系也处得比较融洽。

在学校的多年发展中，我想得更多的是怎么从精神层面，从价值观层面上来引领老师，而不是说把所有制度都定得滴水不漏。虽然制度能为一个学校的平稳健康发展提供保障，所处的地位很重要，但是另一面，它们与人文的融合也很重要，如果没有制度做保障，就没有了规则，那么没有了人文关怀的制度，将会是冷冰冰的，甚至会影响学校工作的顺利开展。

在学校的工作中，如果缺少了人文关怀，我们就无法准确找出在实施这项制度过程中所产生的利弊。因此在这一过程中，思想的引领同样也很重要。

比如学校里面绩效工资的评定，其实绩效奖拿得多与少，不仅仅只涉及金钱与利益，还涉及面子问题，因为凡是对事业有追求，对个人成长有追求的人，都会特别留意别人对自己的看法。从这方面来说，爱面子并非一件坏事，有时它也可以成为一个人追求自我成长的动力，甚至还可以上升到一种精神层面上的追求。

制度管理和人文管理在学校绩效工资评定制度中，体现在"精确部分"与"模糊部分"两个模块。所谓精确的部分，就是一个老师上了多少课时的课，如果说它占评定标准的50%的话，那么其他的50%就是属于精神层面的，也就是相对来说比较模糊的部分，它一般包括学生对这位老师教学的认同度，同伴及领导对他的认同度等，是由很多因素融合在一起构成的。

相比有些学校，我们学校的绩效工资评定还是比较人性化的，我们不会因为这个老师带的班级考第一，他的绩效工资就一定与别人区别很大，大家还是在同一个区间里进行评比的。除了学生成绩提升与否，整个学校还会面临很多其他方面的问题，在面对问题时，只有通过团队内部互相沟通，互相提出建议，才能让大家的整体水平都得到提高，而不能因为考核原因把老师之间的情感距离拉开，让大家失去加深互相了解、团队合作、共同进步的机会。

所以，在我们学校，不管是在文化氛围的构建上，还是在教学工作的推动上，以及对所有教职员工工作积极性的调动上，都比较重视团队的力量，而不是崇尚单打独斗的个人主义。当然在整个团队里，如果有人工作特别突出的话，我们也会单独进行褒奖，但这种奖励不会只体现在金钱与物质利益方面，还会体现在精神层面上。

我们学校办学之初，有领导曾经建议我把学校里边所有的工作都量化，比如谁承担了一个课题，做了一个什么工作等都量化成课时，当时我听了之后，觉得这位领导的建议不能说不对，但似乎有点不太科学。这种把老师所做的事情都量化的工作方式，看起来好像很精准，但是也会把老师引领到一个不太正确的方向上，会让他们不管做什么事情都斤斤计较。其实，在工作中我们还是要有点境界、有点追求、有点奉献精神的，一个心胸狭窄的人，或一个处处都充满攀比与勾心斗角的团队，是注定不会有什么大作为的。

在学校的工作中，有些老师付出特别多，如果要体现在量化里，就很难以课时的多少作为依据。在常规的教学课时上，这样量化当然没问题，但用在平常的工作上是不可以的。比如这几年我们学校很重视艺术教育，在每年的文化节艺术节，以及平常老师所进行的社团辅导等工作中，一节课或一个月的课时该用多少金钱衡量呢？这些都是模糊的，单纯靠量化来体现并不精准，因此在针对这些工作给予老师物质奖励时，我会和老师说，这些钱肯定不足以体现大家的工作量，也不足以反映出大家所取得的成绩和贡献，但是我们还是要有更好、更高的追求，要做一个胸怀远大、对团队有贡献对社会有价值的人。

人文与制度融合式管理的两个原则

如果仔细观察,我们会发现那些成功人士,远没有想象中的那么忙,无论是生活还是工作,他们总把一切安排得井井有条。这其实包含着一种人生智慧——人要想获得一种轻松惬意的生活状态,需要开动脑筋,找出那扇把自己困在纷扰中的大门。

其实,作为一个团队的领导者,不是每天忙得连轴转就算成功了。那些把工作安排得有条不紊,下属各司其职的领导者,是掌握了让工作变得轻松的智慧的。在学校的工作里面,其实我也一直遵循着某些原则,它们的确让我工作起来相对不是那么累,而且保证了学校的发展也一直不错。

我所秉持的原则之一:制造团队成员加深感情的机会,提倡团队精神,相信集体的力量。

我一直深信团队的力量永远比一个人的力量要更强大,并且在团队中,团队成员互相的影响非常有利于大家共同提高。

比如,我们学校曾组织学生们去海岛露营,在活动举行的过程中,大家白天要徒步十几公里去参观地质博物馆,晚上则会在沙滩上搭帐篷露营、参加篝火晚会。我们开展此类活动的目的，主要是为了让孩子们感受大自然的美，同时培养孩子们坚韧的意志力。这种跟着团队一起去的活动，和独自去的感受是不一样的。在集体活动中，大家能够进行才艺展示，人和人之间会有更多交流沟通，情感上的东西也就能够得以充分的展现。相信在参加过这个活动之后，以后学生整个班级的氛围也会与以往不同。

因此，我们有理由相信，要想构建班级良好的氛围，是要通过一系列集体活动实现的，而不是仅依靠班主任苦口婆心地劝解——这当然不是说班主任的协调工作不重要，我们平常在设计各种各样的班级活动时，通常会以班级为单位，因此班主任的积极指导引领也是活动顺利开展的有力保障——通过集体活动的开展，班集体的凝聚力会慢慢增强，良好的班级氛围也会逐渐形成。

此外，在我们学校里，每个学期都会以年级或者科组为单位，安排一次集体活动。届时，大家会二三十个人一起坐在一个桌子上吃顿饭，但这并不是简简单单地吃一顿饭，而是创设一种促进大家相互了解的机会。大家边吃边聊，谈工作也好，谈生活也好，在这种交流中，各组成员之间的感情会变得更加密切，工作氛围会更加温馨，这对大家之后工作的开展大有帮助，甚至连个人的生活幸福指数也会有显著提高。

除了校内组织的活动之外，每年在一学期放假之后，我都会自费安排一些行政干部及其家属外出度假两天，让干部及其亲属边度假边充分交流——我认为这样做很有必要，我乐于把自己的幸福感和喜悦感拿出来和大家分享。人在社会里，有时候工作交集是短暂易逝的，而情感却是美好而长久的，我追求的就是让每个人在工作中都舒舒服服，对他人有情谊，而不是对别人的付出视而不见，每天都专注于自己的世界，考虑着如何为自己攫取更多的利益。

制造更多的机会让大家一起聚聚，是人文的管理方式，是尊重人性的规律和文化心理，这就好像女生们经常一起去逛街，这样她们的感情就会维系得特别好；也好像男生们经常一起去吃饭喝酒，喝着喝着，就喝出了一辈子扯不断的感情。总之，在一个团队中，如果人与人之间相处得非常融洽，那么这个团队走向成功的道路将顺畅很多。

我所秉持的原则之二：坚持人性化管理，充分调动每个人的积极性，发掘其潜能，给予每个人充分行使职责的权利。

当然，放权管理实际上是"有所为有所不为"[7]。校长在管理工作中要注意做到"放手"而不"撒手"[8]。因此，如果我们学校想开展一些团体活动，我很喜欢问大家做这个事情的目的，不能为了办活动而办活动，那种没有目标指向性的活动，即使举办了也是没有意义的，一定要找到一个逻辑支撑点。比如我们可以以开发新课程的角度来办一个活动，这样的话活动在开展时就会有一个目标。

在具体工作中出现的问题时，如某个老师工作做得不够好，我会找他来聊一聊，但事先我会做好准备，比如要怎么讲才能让他不仅对自己目前的状况有清晰的认识，同时还能感受到我并没有放弃他。

我还喜欢把问题抛出去，让大家分头去想，再共同协商，之后达成共识，不会搞"一言堂"。也就是我会先跟大家说明，不要先问我怎么办，而是先拿几个方案出来，然后再和我一起详细分析。这些人文管理的作用，其实是很明显的。当你调动起大家的力量，相信最后总能拿出一个最佳的方案。

---

[7] 魏书生：《如何做最好的校长—影响校长一生的中外教育家经典感言》，南京大学出版社 2010 年版，第 85 页。

[8] 同注 [7]。

其实在一件事情发生时，就算是领导也不能马上给出解决方案。第一，不了解情况，不经过仔细调查分析，谁也判断不了哪种解决方案是最好的。第二，假如遇到问题都问领导怎么办的话，大家在遇到事情时就不会想着主动去解决了，而是选择逃避，因为那样就不用担责任。长此以往，对工作就没有了责任心，个人能力也得不到很好的提升。

而充分调动大家工作积极性的做法，不仅有利于问题的解决，同时也能帮助每个人培养责任心，让领导者不至于每天焦头烂额地周旋于各种琐事之中，可谓一举数得。因此在工作中，我比较推崇用这种民主的方式来解决问题。

在学校管理中，我一直追求的都是营造一种家庭般的温馨氛围，不管是在工作中，还是在个人关系上，大家都相处得像兄弟姐妹。而作为校长，我在宏观层面上的思考会比较多一点，对于一些非常具体的事情，只从旁提醒，其余的让大家放手去做。我深信，无论是个人还是团体，每次成功都不是轻易得来的，在通往成功的道路上，大家都任重而道远，只是，我们掌握了智慧的方法，这条路就会好走许多。

总之，制度管理与人文管理是相辅相成的，制度管理是人文管理的基础，人文管理是制度管理的升华，当一个学校把制度管理落实到适度、适合、适应，把人文管理做到用心、贴心、保持初心时，这个学校的整个氛围一定是和谐的，师生们一定是幸福的，学校也一定会健康发展。但在践行这一理念的道路上，困难有很多，因此，每个教育工作者都应更加努力拼搏，才能让我们的教育事业蒸蒸日上、永葆青春。

第二章

唤醒教师「生命点灯人」的职业认知

教学的艺术不在于传授本领,而在善于激励、唤醒和鼓舞。

——德国著名教育家 第斯多惠

所有能使孩子得到美的享受、美的快乐和美的满足的东西,都具有一种奇特的教育力量。

——苏联教育理论家 苏霍姆林斯基

教师专业技能的提升,对一个学校的健康发展至关重要,教师职业的崇高,在于一直有这么一群普普通通的人,默默燃烧自己,点亮了每一个学生心中的梦想。因此,作为教师,我们首先要爱这个职业,然后才能真正爱孩子,为孩子着想;教师还需要认识到自己职业的重要性,才能更具有使命感地全身心投入到工作中,做到"把整个心灵献给孩子"。此外,教师还是教学改革与学校发展的主体,其素质的提升将直接关系到新课改的效果和学校办学质量的持续提高。其实,引领教师能力提升,无论对学校、学生的发展,还是对教师自身来说,都是一件多方共赢的事情。所以,我们应该尽量给教师提供一个更为宽广的舞台,以帮助他们创造更多的精彩。

共学共情："阿登"背后的师生关系哲学

1987年,我从华南师范大学毕业,被分配到一所高中任教。或许当时学校锻炼新老师最常用的方式就是:让新老师当班主任。当时的我也不过20几岁,比那些学生大不了多少,既要教课又要当班主任去管理班务,其实是很大的挑战。对于经验丰富的老教师,学生可能有几分畏惧,但是对于初出茅庐的我,估计是有些冷眼观察的意思——你能在我们面前树立威严吗?你能管得住我们吗?

而我恰恰是那种不需要学生怕的老师,从这点上来说,他们失算了,但却获得了另外的惊喜——我要建立的师生关系,是温馨美好、亲如家人的。回想起来,这种做法是非常正确的,后来我的那批学生每每提起当年的往事,心里都充满温暖,至今他们还都会对我表达出很深的敬意。因为20世纪80年代,整个教育生态,是沉闷的;而师生之间的关系,普遍还是比较传统的——教师在管理上比较严苛,学生在学习中被要求老老实实听话。

我则不然,我在该严格的时候一定会严格要求,但是平时都和他们像兄弟姐妹一样相处。我记得那时候的学生,都很自然地叫我阿登。即使是在几十年后的聚会上，有个学生还这么叫我，惹得旁边的人十分吃惊：

你怎么对你这么敬爱的老师，直呼其名？

殊不知，直呼我名还是小事，我还被他们"揍"过。记得我带第三届学生时，学校每年都要分年级来组织一次社会实践活动，就和现在的研学一样。学校组织学生去比较远的地方，那时交通工具没这么发达，我们通常是坐船去的，那种可以供几百人乘坐的客船。我们去过南海西樵山、肇庆鼎湖山，还有番禺的莲花山等。

有一次我和学生坐同一条船出去，晚上没事干，我们就玩扑克游戏。突然哪个家伙用被子在后面把我整个盖住了，之后一大堆人压着我，每人揍了我几拳——当然他们是开玩笑的，并不是拼命打，但也打得我有点疼，当时我心里面也有点恼火，把被子掀开之后，本来想骂他们一顿，但看他们都在那里开心地大笑，我也忍不住笑了，问是谁干的——当然不会有人承认，然后大家就接着玩。很多年之后，这一班的同学聚会，他们都问我想不想知道当年谁揍过我，我就说不用问了，你们肯定都有份。然后大家就又哈哈大笑。

我就是这样带着真诚、善意和他们相处的，他们也感受得到。但这并不代表我会在"师道尊严"薄弱的情况下，也减弱了应有的教育效力，反而是在这样友好、亲切的关系里，更有益于我教育想法的实施。

很多班主任都头疼班上的捣蛋鬼，一般会用各种招数，使得他们不影响别人。而我班上的这类学生，和我的关系也很好，也会虚心接受我的劝诫和忠告。我记得在我工作的第二年，碰到过一个学生，他现在是某交警大队的副大队长。当时他物理成绩比较好，我就让他做了物理课代表。这个学生有一个特点，很活跃，很喜欢足球，而且踢得很好，甚至代表学校、代表东莞参加过省里的中学生足球比赛，但是他读书就没别人那么上心。父母劝说他会烦，别的老师说他，他也会不耐烦。

有一次，我就找他谈话，先告诉他读书的好处，然后告诉他即便是读书不好，也不要放弃自己，做人做得好也能为社会做贡献。所以，他虽然总体成绩不怎么好，但是品行一直很好，也不会违反纪律影响其他人。这个学生最后没有考上大学，但是我对他的影响很大，他觉得我是个好老师，在遇到困境时，一直记得我和他说过的话，直到现在，每年中秋、过年之时都会请我们之前教过他的老师聚聚。他说，当年的很多话，从我口里说出来，他是很信服的，因为他能感受到我对他的用心。他虽然没有继续在老师的影响下读大学，但进入社会以后通过自己的努力，也寻得了一份不错的职业。

还有一个学生，他妈妈是一个公司的高管，所以他家庭条件比较好，但这个学生整天调皮捣蛋，无心学习，同学们给他起了一个绰号"猴子"——都高中了还无比调皮。在他身上我也花了不少精力，找他谈话，做了大量工作。很多人认为江山易改本性难移，说这么多也未必有效果。但我认为不能这样单纯给他贴标签，因为小时候我也是这么调皮，有一天醒悟了，就彻底"改邪归正"了，所以我们不能因为孩子调皮或者有别的缺点，就判定他未来会如何差。

我从不对他发脾气，就是充满耐心地一遍遍去和他谈。他的转变是从一件事开始的，这还是他后来告诉我的。有一次他考试成绩不理想，表现也不好，同学也有告他状的，我就找他妈妈来学校聊。他认为老师既然请家长，应该是告状的，妈妈回家后自己肯定要挨揍了。但是妈妈回家后，却笑容满面，狠狠地表扬了他一番。因为我和他妈妈的谈话内容，都是对他的夸赞。其实当时我也没有用什么太高深的理念作为支撑，或者从心理学方面去解决问题，我的想法很简单：既然他这么调皮，总被大家批评，成绩也不好，说明他内心承受的压力已经够大了，那该用怎样的一种方式让他觉得自己还是有价值呢？

所以我是出于一种真心、善意的角度去解决这个问题的——而且当时我对他妈妈说的那些赞美之词，都是真实存在的，不是编出来的。他妈妈也想不到老师对他印象这么好，自己孩子身上有这么多优点。从这次谈话之后，他就慢慢往好的方向走了，虽然当年他也没有考上好的大学，但是起码后来他成为一名正直的警察，发展得很好。

很多人一直认为调皮学生很难管，其实不尽然。我当时接手的这一班学生，有很多是大家眼中的调皮学生，但是直到现在，我和他们的关系还是非常好，他们的发展，也不是当时很多人断定的那样：学习不好，未来没有出路。

从事教育行业多年后，再回忆这些孩子的成长，给我很大的教育启发：每个人都有他独特的成长之路，学业成功是非常重要的一部分，但是身心的健康、处事的成熟、性格的阳光、满心的善念、与人相处的和谐等，是成长得更好的必备素养，也是定义其成功的非常重要的条件。过早的贴标签和下判断，对于一个孩子的成长来说，是不合理的，也是不公平的。

同时，教师的言行在学生眼里会有怎样的判定？教师的威信通过什么样的方式确立才最有利于教育实施、学生成长？我觉得这是教育哲学要解决的问题，也是一种具有普遍意义的关于人性的思考：以善意和真诚换真诚和信任，对于任何人之间的关系都适用，包括师生关系。

老师实施教育的目的，就是让学生能够接受其传授的知识，并获得成长。我想这一切能得以实现的关键在于学生首先要接受老师，服从老师的教育与管理。那些依靠高压政策强迫学生接受教育的做法，只能获得表面上的、一时的成绩，终究不是一剂能让学生健康成长的良药；相反那些通过与学生耐心细致沟通，处处以学生的需要为出发点的做法，更容易被学生接受，而以这种方式实施教育的老师，也更能走进学生的内心。这样，无论是知识的传授还是其他方面的教育，才会更能让学生接受，学生才能获得真正的成长。

见贤思齐，才能传承超越

著名教育家陶行知说："学高为师，身正为范。"在教育领域，从来不乏身正学高的老师。回溯我的成长之路，个人的努力促成职业生命的精进是一个很重要的因素，但那些成长路上如灯塔一样给我温暖指引的教育前辈们，也是让我变得越来越好的重要条件。

当我刚踏上工作岗位，仅仅把工作当作谋生的手段时，是那些兢兢业业、捧着一颗心来的老师，教会我教师职业的真正价值内涵；当我有所进步，在更高的平台追寻更高的职业价值，是那些不计个人得失、构建教育大格局的老师，让我懂得"教育"的万千大气象。从这些生命与职业体验的角度来看，一个教师特别是青年教师的成长，既要注重自身的修炼，达到学高身正，又要不断从身边那些优秀榜样身上汲取"学高身正"的养分，让自己跨越认知的局限，见贤思齐，最终成为教育行业里让学生和其他人认可、信服、敬重的人。

在成长路上对我影响比较大的老师，直到现在我还深深地记得他们，在他们身上，我真正体会了什么叫责任感，什么叫奉献精神。他们用行动展现了一个真正的教育工作者，是如何一心扑在工作上、一心扑在孩子身上、以学校和办公室为家的。正是他们的努力付出，才让学校放心把工作交给他们，让家长们安心把孩子交给他们，也让孩子们能在他们的引领下开心健康地成长。

记得我懵懵懂懂地为人师后，一直找不到人们口中的那种热爱教育的感觉，每天的工作比较被动，就是完成该完成的任务。第一个给我震撼感的老师，第一个让我有"原来好教师是有感召力"想法的老师，是一个当时已经年龄很大的数学科组长温明蔚老师。在那个年代，教学设施远没有现在这么先进，什么投影仪、课件都可以用信息化设备来运作。他在上课的时候，每天都坚持把一个写好题目的黑板拎过去放在他带的两个班的教室过道的中间，让孩子们去看、去做。写着满满粉笔字的黑板，每天都会变换不同的题目，从未中断。他们班的孩子学习也非常自觉，总是分几批来抄写那些题目，安静地去做。因为他们知道，老师每天设计这么多题目并手写下来的背后，是对他们满满的期待与爱。当时我想，如果我们都像温老师那样满怀教育的赤诚去做每件小事，何愁教不好学生呢？其实像温老师这样对教育工作特别专注、对教学有特别浓厚兴趣的老教师，在那时比比皆是。

他们恪守着一些教书育人的传统，他们身上烙印着"先生"的德行风范。

他们这些人，会潜移默化地影响我们这些一开始把教师这个职业单纯当成一项工作的人——看到他们工作这么努力，我们这些年轻老师怎好意思去偷懒呢？对于他们身上的闪光点，我们会先从感悟、模仿开始，然后再慢慢把这些宝贵的精神财富变成自己的东西，进而影响所教育的学生。这种对工作的热情，对孩子的爱，会让学生有如沐春风的感觉。心里暖了，打开心灵的钥匙也就找到了，然后老师传授的知识，也会像涓涓细流一样不断流进孩子们的心里，这样，教育要达到的目标也就很容易实现了。

在这些优秀的老教师中，当然包括我以前的物理科组长何鼎才先生。我还记得初次见面时，他是这样和大家介绍自己："我叫何鼎才，'鼎'是'三足鼎立'的'鼎'，'才'是有'才华'的'才'。"

何老师生于1947年，当年在东莞中学求学时，一直保持着理科前三名的好成绩，但是好像因为家庭成分不好，他没有得到读大学的机会——当年他报了清华大学核工程专业，但是高考之后没等到结果。那时候，没有结果其实就是有了一种结果了，不像现在有个可查分数的系统，考上了会发通知书。接着他就被下放到农村做知青，然后被当地人发现原来这个人才华横溢，于是聘请他做了民办教师。即便在做民办教师期间，他也没有放弃过学习，边教书边学习。由于表现突出，多年之后，他被调到市里的一中做物理教师，他优秀到哪种程度呢？如果有人问本地物理教学最突出的教师是谁，人们会不约而同地想起何鼎才。

当年我刚工作时，何鼎才老师还是物理学科的科组长。他的课上得确实非常棒，可以用两个词语来形容：深入浅出、举一反三。听他的每一节课都是一种享受，在他的课堂上，学生们都很愉悦，总觉得时间过得很快，仿佛不一会儿就下课了。他能把物理中很多难以理解的东西用很简单的方式呈现出来，并且让所有人都能接受。直到现在，虽然我已经听过很多优秀物理老师的课，但好像一直没人能超越他；他上课时讲的有些学科上的具体知识，可能我已经印象比较模糊了，但是他上课时洋溢的风采以及教学风格，仍然令我记忆犹新。我觉得自己年轻时能受到这种课堂氛围的影响，能得到这种老师的教诲，是万分荣幸的——对每个即将进入新行业的年轻人来说，直接接受优秀前辈耳提面命式的熏陶，对职业发展极为重要。

那时对我影响深远的除了何老师，还有另外一个不得不提的李浩仁老师。李老师教的是英语，后来成了英语科组长。当时，我们很多年轻老师对李老师的评价是：一个好人。他和他同时代的大多数知识分子一样，无论在做人还是做学问上，都会真正地追求极致，精益求精。

我们从来没见过李老师发脾气，每次见到他，他都是笑嘻嘻的模样。但是其实他的生活经历是非常坎坷的：他父亲是民国时期的一个乡长，母亲是小学老师，后来"文革"时父母亲都被批斗过，母亲由于忍受不了自杀了。一般人如果遇到这种情况，或许会对生活及他人有负面的认知，但他从来都没有因此说过什么抱怨之辞，在他身上展现的都是那种对人的友善关爱，以及对工作的尽心尽力，他绝对配得上"好人"这个词。

是的，虽然生活给了他很多沉痛的打击，但依然不妨碍他成为一个优秀的人。李老师不仅在生活中心怀善念、乐观豁达，在工作中也表现得相当出色。他和何老师一样，由于一些原因，没有机会接受正规的大学教育，一开始也只是一个民办教师，但他为人处事始终积极乐观。他本身的专业基础比较好，人也勤奋聪明，硬是靠每天听英语广播来学习英语，后来得到了大家的广泛认可，最终成为本地英语学科教学的权威人士。

大概几年前，东莞举办庆祝教师节活动的时候，当时的市委书记还亲自给他颁了奖。其实，这些优秀老教师身上的优点，对每一个即将踏上工作岗位的人都有着非常重要的意义。我们在某一个领域刚刚扎根的阶段能得到他们的帮助，都是非常可贵且令人难忘的。作为教育管理者，我们有必要把那些优秀老教师对工作的认真负责、满腔热情，在青年教师面前充分展现出来，要大力发扬老教师对年轻一代教师的引领作用，把"以老带新"的工作模式落到实处，而不是空口白话地做做样子。

在一个人的职业发展过程中，其实是存在一个层层递进的关系的，刚开始你可能会认为这就是你的工作，但是如果有了责任感做支撑的话，就可以把这项工作做得很好，这是第一境界；如果再往上发展，当你把这份工作当成自己的兴趣并有了成就感后，可能就达到了第二境界；当然，还有第三种境界，那就是像有些老教师所具有的完全无私付出的状态了，那就到了奉献的境界。

我觉得一个人不管是做老师，还是干别的工作，其精神状态如何很重要，它可以让你把某种乐趣变成兴趣，可能别人会觉得你非常辛苦，但是你却甘之如饴，而且会在心底里认为：如果不这么做，就放不下心中的那份责任感。因此，只有把责任感变成一种兴趣后，一个人才会感觉到他所做事情的意义在哪里。

好教师的标准：带着爱保护孩子的灵性

虽然我是一个标准的学理科出身的人，但这并不影响我探索一些富有哲学意味的、关乎一个人的个人价值和社会价值内涵的东西。比如，我们应该怎么去判断一个老师是否是好老师？

其实，教师不仅仅是一种职业，是一份工作，更蕴含着一种很重要的、促进人成长的内涵。正因为如此，才有人说，爱是师之魂，爱是教之根。因此，学校工作的重中之重，就是要引领老师以爱为根本出发点，以德的模范力量去教育、引导、关爱学生。

要想让学校教育以爱为出发点，来推动所有孩子的成长，作为学校的管理者，就要对老师多加引领。

首先，老师应该对所有孩子一视同仁，不能过早给孩子贴标签，下定论。其实，无论是从人，还是从社会的立场来看，我们都不能孤立地看任何一件事情，教育也是如此。

在我踏上教师岗位的那个年代，包括之后相当长的一段时期，学校在教育上过分注重成绩的优劣，班级也分尖子班和普通班。当年我当班主任时，就带了几年普通班，这个经历给我带来了很多思考，也促使我更为深入地去了解这些在大家眼中算不上优秀的学生，他们身上其实是有很多优点的。通常，这些孩子的生命是灵动的，性格很活跃，和人也能相处得很好，身上看不到那种呆呆苦学的模样。其实多年后，这些调皮捣蛋的学生的与众不同之处便会显现出来，他们未必生活得不幸福，也未必事业不成功。

我始终认为，教育应该是能让所有的孩子都得到关爱的，是应该能促进所有孩子个性发展的。尖子班的孩子集万千宠爱于一身，什么好事都落在他们身上，而普通班的孩子只有眼馋的份儿，这种做法是与教育的出发点背道而驰的，也是极为自私的。如果我们想要实现教育的目的，想成为一个有爱的教育工作者，首先就要有一颗关爱所有孩子的心。

因此，我经常和老师们讲，那些调皮、自制力差的孩子，在某些方面也说明他们好奇心重、有冒险精神、敢于尝试、敢于挑战权威，对于这类学生，我们要做的是：从规则上约束、思想上引导、生活中照顾等多方面给予他们引导与关爱，以防止他们走上弯路，让他们与其他学生一样健康成长，而不是批评打压，阻断他们自我成长的道路。

其次，一个富有爱心的老师，同时也应是让学校、家长、孩子信任的老师。俗话说：亲其师，信其道。其实这也表明在师生之间形成了一种非常重要的互相认同。如果学生都不亲其师的话，怎么能很好地听从老师的教导、接受老师传授的知识呢？所以，要想教育出好学生，老师首先就要让自己成为一个好老师，最起码是一个值得学生信任的老师，这样学生才能听从你的教导，心甘情愿地接受你传授的知识，而你也能完美地完成教育使命。

关于什么才是大家心目中好老师的标准这一问题，我和很多老师探讨过。就算大家说不出太多理论性的见解，但身边总会有不少非常优秀的老师吧？以分班为例，从小学一年级一直到初一、高一，我经常会接到一些熟悉的家长的请求，要求把他的小孩放在某某年轻老师班里。一开始我不知道家长为什么这样做，了解后得知，凡是家长强烈要求把孩子分进去的班级，这个班的班主任的工作一般做得都挺好。每个家长都希望自己的孩子能被放在一个好老师的班里，而这些被选择的老师，不仅被家长信任，也被同事信任。所以作为老师，一定要努力成为大家心目中最好的老师。为此，不妨从小事做起，先向身边的优秀榜样学习。我觉得任何人在自身价值得到广泛的认可后，工作起来都会更有信心，而他所获得的成就感也会越来越深。

关于大家心目中好老师的标准，我也曾反问过老师们，在他们自己求学的过程中，有没有遇到过特别难忘的好老师呢？与这些好老师相比，自己哪些地方做得还不够呢？不妨以这些老师为镜，查找一下自己需要提升的地方。所以，在面对自己的学生评议我们的教学，且认为不够理想的时候，最起码我们不能对这些孩子有什么看法，因为毕竟是我们首先没有得到孩子们的充分信任。

再次，老师在爱的基础上教育孩子，并不是让老师对学生无限宽容，不讲原则。对于教师爱孩子，我自认为是很有发言权的。年轻时我在一线教学，甚至做到年级组长。那时，我早上把小孩送去幼儿园后，会顺便在旁边的店里买些面包、牛奶当早餐。有时在去办公室的路上，会碰到一些调皮的学生，他们会和我开玩笑说还没吃早餐，他们只要这么说了，我就会把东西给他们，而这些学生一般会笑着跑开——他们只是和我开个善意的玩笑。那时候学校里各方面的条件都没现在这么好，当然也没有能力给学生提供什么纯净水之类的东西。有时候学生刚上完体育课很渴，而学校伙房提供的热水不够喝时，就有孩子想在小卖部里买水，却又没钱。这时他们只要和我说渴了，我就会买给他们买喝。我们聚会聊起以前的事情时，很多细枝末节我都忘了，但他们还仍然记得很清楚，经他们一讲，我立刻就能回忆起来，这些事情的确发生过。这也说明，我们在一起度过的时光是值得回忆的，是让人难忘的，我与他们相处的方式也是正确的，是被他们认可的。

说实话，我在承担一线教学任务时，对班级的纪律要求还是比较严格的，上课的时候务必安静，不要影响别人。但我只是要求学生在课堂里面安静有序，在课后就会和学生打成一片，对学生也很民主，因此对我的安排，他们也都非常乐于配合。此外，虽然平时我提倡师生间平等相处，可对于个别违反纪律的学生，虽不至于体罚，也会给予严厉的管教——其实，老师除了要传授给学生知识外，还要教会他们很多做人的道理，比如，讲文明礼貌、尊老爱幼、遵纪守法、志向远大等。这在教育中是很重要的，能让学生明白任何事物都有不可触碰的边界，事有可为，有不可为。

最后，作为一个真正关爱学生的老师，我们不能把目光只盯在学生的成绩上，还要关注孩子的身体和心理健康。作为老师，帮助学生把学业完成好只是工作的一方面，同时还需要关注孩子们的心理健康，尤其是那些单亲或留守儿童的心理健康问题。由于长期不能和父母待在一起，这些孩子身上就会出现各种各样的问题，比如有的敏感胆小、内心脆弱；有的无法无天、满身恶习。这就需要给予他们更多的关爱，以弥补他们心中爱的缺失。

此外，我们还要关注孩子们的全面发展，不能以学习的名义，占用孩子体育、音乐、美术等课程的时间，要知道体育锻炼能帮助孩子们强身健体，为知识学习打下一个好的身体基础；音乐课能陶冶孩子们的情操，使他们身心愉悦；美术课能提高孩子们的审美素养，让他们有一双发现美的眼睛。我觉得能被学生认可，并被予以好评的老师，虽然称不上是教师的楷模，但至少在教书育人这一方面没有误人子弟，是无愧于教师这一称号的。

无论是从事教学工作还是管理工作，我从未觉得学生学习成绩不好，做人就做不好，未来就没有出路，在如何看待孩子的学习成绩与个人成长关系这一方面，我的观念相对来说还是挺开放的。能陪伴孩子们健康、快乐地成长，让他们都成为自己期待的模样，就是一个教师最成功的地方。

最近，我在网上看到一个有趣的视频：

一个老师可能多次占用其他老师的课时，这次她又来占体育老师的课，体育老师来到班门口，一句话不说，就这么盯着这个占课的老师，在他的"死亡凝视"下，最终占课老师败下阵来，"灰溜溜"地拿着自己的东西走了，然后，就是全班孩子的欢呼声。

真正为孩子全面成长考量的学校，这种占课的现象会被杜绝，这种能让孩子们欢呼雀跃的体育老师会多一些。

再多的方法、途径，如果不能落实也就成了一句空话。只有每个老师都提升自我意识后，这些所谓的方法才有了意义。因此，我建议每一位有精进职业生命的老师，都应从点滴的小事做起，一步一个脚印，一步一步离目标更近。要知道，我们面对的不仅是一个个孩子的健康成长，更是一个个家庭的未来，以及国家走向繁荣昌盛的保障。我们有必要努力提升自我，和学生建立一种好的关系，并且以此为基础，去更好地开展班级的各项工作，推动学生的成长。

我深知心中有爱，能助力孩子成长的老师多么难能可贵，因此经常鼓励我们学校的老师要做一个有爱的人。教育道路是充满艰辛的，但经历艰辛我们也能得到很多，当我们桃李满天下时，走到哪里都有学生特别尊重你，这种成就感是非同寻常、千金难买的。

紧张而充实，是成为优秀教师的必要条件

"优秀的人都是很忙的"，这个我总爱和老师们分享的观点，是 2015 年我去台湾交流学习时，从一个校长的分享里面感悟出来的。

当时我去他们学校的时候，曾感慨他们学校老师的工作很烦琐、很劳累，除了正常的课时外，还要满足各种选修课、各种社团活动的辅导需求，总之工作好像永远也做不完似的。然后针对这些事情，我就问他们的校长是怎么引领老师的，这位校长说："任何一个人想要做出一些成绩，或者做事情时想取得好的效果，都要付出努力。无论学习或工作，都是这样，我们不要总觉得自己比别人累一些，就好像亏了，其实一点也不亏，因为你努力了、投入了，就会越来越优秀——优秀的人都是很忙的。当一个人很忙的时候，就说明他已经优秀了，或者离优秀很近了。"我听了真是非常认同，所以，在后来的工作中，我会经常用"优秀的人都是很忙的"这句话来激励我们学校的老师。

在教育这件事情上，我从始至终都是先从老师身上开始去思考问

题的，去思考怎么能够通过老师去影响孩子们。

我一直这么认为，假如在学校里面，校长和老师之间的关系是一种很好的促进与被促进的关系，那么在班级里面，学生和老师之间的关系也是这样的，这个影响模式是会传递的。我相信一个民主的校长，会营造出一个民主的学校，而这个学校里面的老师也会把这种民主的方式融合在他的教育教学里面。因此，我们学校每学期在对老师的教育教学工作和班主任工作进行问卷调查时，主要就是起引导作用，评议是为了反馈问题而不是评价某人，它们和分数没有多大关系。其中一般包括下面的内容。

校长管理心得

教学问卷调查设置要点：
* 老师的教学态度怎么样？
* 老师的教学水平怎么样？
* 老师有没有公平对待每一个学生？
* 老师有没有对有困难的学生及时进行帮助？
* 老师上课时提到的知识点学生知道吗？
* 老师有没有认真备课？
* 老师讲错了，学生会不会马上指出来？

基于以上几点设置的问卷，会在无形中鞭策老师不断提高自己的教学水平。只有老师水平足够高，备课足够用心，讲课足够清楚，同时公平对待每个学生，才能真正有利于每一个学生的学习进步与健康发展。

实际上，在很多时候，一些老师会特别关照成绩好的学生，对于一个老师是否持有这种观念，通过这样的问卷调查就能反映出来。我只是希望，我们的老师不管面对什么样的学生都要用心去对待，其实学生想要得到的帮助很简单平常，学生在学习上有些地方不明白，向老师请教的时候，老师能够耐心进行讲解，同时老师也要主动找成绩差的学生多沟通，多鼓励他们。

我们学校对老师工作进行的评议，一直是导向性的，我们会对这些评议进行收集整理，然后再反馈给老师，一般在两个学期里持续排名靠前的老师，就会被表彰成为第二学年教师节最受学生欢迎的老师。当然老师之间也会存在个体差异，正常来说，对于分数在百分之八十几的老师，就被认定为是工作还可以的，在百分之七十几的，要留待观察了，而那些分数在百分之六十几的老师，就要被学校约来谈话了。

通常来说，我们学校在每个学期的第一个月就会开始这样的评价，对此很多人就会充满疑惑，因为很多别的学校都是把它放在期末做的。我要告诉大家的是，我们学校这样做，主要是为了改进老师，是为了减轻老师们的后顾之忧，而不是为了评价老师。

在工作上，学校只是希望给大部分老师带来清晰的指引，包括上课方面的指引、晚自习方面的指引、坐班方面的指引，还有请假制度等方面的指引等，还会引导性地帮助他们改变，尤其在帮助班主任能力提升上，工作会做得更多一点。这样老师在工作时目标才更清晰，安排才更充实。

在实施这项工作之前，学校会事先和老师们说清楚，做这个评议不是为了区分大家工作得好还是不好，而是为了帮助大家改善工作中的不足之处，学校只是给大家提供了一个平台，那些有利于促进大家改善工作的地方，将会在评议里面得到体现。

说实话，一切能够激励老师、引领老师，并使老师的工作充实而有序的方针，在我们学校都会被大力推行，但我们只会把它放在一个很小的维度。

在管理上，我觉得引领比鞭策的作用会更大，这或许源于我觉得一个人在被强迫的状态下工作肯定是没有幸福感的，只有在自己能够被吸引的时候，他工作起来才会幸福。因此，我们学校一直坚持也十分重视调动老师的工作热情，支持老师探索新的教学方法，重视对孩子们好的学习方法的培养，以便调动孩子们的学习兴趣，让孩子们得到全面发展。

同时，我们学校也很重视老师综合素养的提高，比如积极引领老师进行阅读并分享。水韵潺潺，滋润万物生灵；书香幽幽，培育儒雅气息。要散布阳光到别人心里，先得自己心里有阳光。"欲求教书好，先做读书人"。以书为伴，能让老师更加心神平和、气质优雅。

"涟漪多了，终将改变潮水的方向。"每天日积月累的阅读让我们成就广博、富有诗意。比如，我们学校的一位老师曾做过题为《拥一间书房，迎一米阳光》的分享，她提出：作为老师不能因忙碌而放弃阅读，而是可以利用零碎时间养成固定的阅读习惯；语文老师最应该读历史和美文，以史为镜才能让自己成为名副其实的知识渊博、言文行远的教师。她还结合自己的阅读经历和感受，给大家推荐了《哇！历史原来可以这样学》《明朝那些事儿》和《这个历史挺靠谱》三部历史著作，分享了《文化苦旅》这本语言有温度、思考有深度、阐述有角度的书。读书足以怡情，足以养性，足以长才干，这种幸福无可取代。在以后的教育时光中，莞外的语文老师们将一直与好书为伴，一路芳华、一路书香。

　　教师的专业成长，不是一朝一夕的事，需要大家坚定信心、找准方向、不怕吃苦，这条道路注定不会轻松，就在我们一路挥洒汗水的同时，也在不断慢慢走向更好的自己。

给新教师的几点建议

在职业生涯的末期,回忆自己的教师历程,有很多的话想和青年教师聊一聊,给迷茫中的年轻人一些建议。其实我的体会特别多,如果非要讲几条重点的,那就是以下这些了。

第一点,随时改变自己的心态,升级对教育的理解。

事实上,教书育人和其他需要一定技能、有明确目标、需要进行规划的工作一样,除了是一种职业,对人的专业技能也有一定的要求。

在工作中,老师面对的具体对象是天真的孩子们,他们习惯、爱好、性格等方面的发展,与老师教学水平的高低关系很大,甚至可以说会决定孩子们未来在社会生活中的地位,以及在生活中能感受到的幸福程度。所以,对教师来说,其最重要的工作,莫过于努力克服自身的消极影响,把自己阳光积极的一面带给孩子们。因为孩子们的心思是无比细腻的,所以教师要十分注重提升探究孩子内心世界的能力,在感情、信念、自我觉醒等方面给孩子们多带来好的影响,这样的滋养教育才是教师工作的重中之重。

我一开始走上教育之路时，心中尚未有十分确定的目标，只是比葫芦画瓢，看别的老师怎么做，有样学样。后来从一路的成长历程中，我也得到了很多体会：做教育工作并不像常人以为的那样，只要假以时日，就能熟能生巧了。我认为凡事能够用"熟能生巧"形容的，大都指的是那些做机械地重复工作的人，比如欧阳修的《卖油翁》中所描述的那个卖油翁，他能把油从一个铜钱中间的小孔倒入油葫芦，而钱不湿，对此卖油翁这样说："我亦无他，唯手熟尔。"意思是这没什么大不了的，只是过于熟练而已。而在教育工作中，我们要面对的孩子，却是随时都处于变化之中的、有自己独立思考能力的人。不要说孩子去年与今年不同，昨天与今天不同，甚至他在上一刻与下一刻都是不同的，因此，教师也要顺应孩子的变化，适时调整自己的教育方式，以适应不同孩子不同时间段的需要。

也常有人说，人一旦成年之后，心就会定下来。但这一点在我身上却没怎么体现出来，因为我虽不能说生活中处处有惊喜，但其中确实包含着很多不确定的因素。比如说刚大学毕业的时候，如果说我选择做教师是因为受了什么情怀之类东西影响的话，恐怕我自己都不相信，这只是我单纯为了工作、为了生存不得已做出的选择。

那时我非常渴望能够在城里面工作、生活，不希望再回农村终生与土地为伴。但进入学校，走上工作岗位之后，我所处的环境，我周围的同事，对我来说都产生了很重要的影响，甚至连我的心态也在不知不觉中发生了变化。我觉得自己还是非常幸运的，一开始工作时，无论是所处的工作环境，还是遇到的同事和领导，对我的帮助都挺大的，这些都极大地助力了我的成长与进步。

第二点，在心态稳定之后，要有自己的职业规划和目标，并且具备进步的勇气。

前面我就提到了，作为老师，首先一定要有职业规划，有发展目标，这样才能让自己成长得更好。这一点也是我通过自己多年的工作经验领悟到的。

在开始教育工作的时候，我并没有什么明确的职业规划与发展目标，所走的每一步都是自然而然的。这也是我觉得自己比较幸运的原因：做普通老师时，年纪轻轻，觉得不论是从能力上还是从经历上来看，自己都不太优秀的时候，就得到了领导的欣赏与认可，提拔我为年级组长，并且在我要临阵退缩的时候，一直鼓励我说"你可以的"。后来，我一路又得到其他领导的青睐，被调到另外一所学校做办公室主任，接着被提拔为副校长。在这之前，我从来没想到过，自己能在刚34岁时就当上副校长。在当年东莞那些所谓的重点学校里面，我应该属于走上领导岗位的人中最年轻的，当时我还对校长说："这样不行吧？我觉得我还很年轻。"但是，后来的事实也证明了，我在这些岗位上确实得到了很多的锻炼，也获得了不小的提升。所以，所谓的机遇与挑战都是共存的，只要你肯努力、肯吃苦，就一定能收获成功。

在我的职业成长中，这一系列变化都很自然，仿佛毫无目标预设，但我知道，事实并非如此。虽然每个人的际遇不同，但还是要有理想、有目标的，否则，努力就没了方向。我虽然没有把这些职业规划与发展目标明明白白地书写在纸上，但我想，它一定是被深深印刻在我内心了，我的每一点进步，也必定是以它为指引的。我的坚定与努力，自然会得到回报，所谓"梧高凤必至，花香蝶自来"。

此外，对于那些刚走上工作岗位的老师，我建议大家在制定自己的目标与计划时，不要带有功利性，因为人一旦被功利迷失了双眼，就会丧失本心，看不到前行的"正道"所在。

比如我，虽然一开始走上工作岗位时也比较懵懂，但自始至终都没把自己的工作与利益联系起来。回头想想一路的顺利成长，除了幸运之外，更多还是源于我身上确实有一种对于工作的责任心。它已然成了我的一种习惯，直到现在，我依然觉得踏实努力、忠于本职才是教育工作者需要坚守的初心。我经常会与年轻的老师分享这一观点：无论是在为人处世，还是在工作方面，都不希望大家的出发点是带有功利性的。这一观点也适用于做其他工作的朋友。

第三点，"不能误人子弟"是做老师要奉行的最核心原则。

我觉得，自己的工作能够得到不同领导的欣赏，与我对工作的认真、专注、负责任的态度，以及在工作中一直坚持的立场是分不开的：既然选择了做老师，就不能误人子弟；既然选择了做老师，就不能敷衍了事，不能影响孩子们的发展。从一开始走上教学工作岗位并担任班主任工作时起，我就时刻告诫自己，要注意身为师者的责任，在工作中尽心尽力。

我一走上工作岗位，就做了班主任，并且带了一个集中了调皮学生的班。除了完成日常教学任务，我还要时常和他们斗智斗勇。孩子都是精力非常旺盛的，特别是那些调皮的孩子。如果一个班只有一两个调皮的孩子，班主任管理起来会相对容易些，可对于一个集中了大量调皮孩子的班级，班主任的工作量可想而知——可以达到普通班级的几倍之多。而且这些学生各有各的"调皮"法，管理这样的班级，是非常锻炼人的，如果有学校想锻炼新老师的话，让他们多管理这样的班级也不失为一种好的方法。只有交给年轻的老师来做才好，如果交给那些老教师，他们真的会力不从心。

通过带这种班级的锻炼，我得到了迅速成长，这为后来的工作积攒了不少有效经验。你想，最难带的班，最难管的孩子都管理好了，其他的工作做起来不是更不在话下了吗？

班级管理心得

与学生沟通的技巧：

* 无论面对怎样的学生，老师都必须首先做到与他们用心沟通，只有沟通，才能找到问题出在哪儿，进而解决它。

* 老师要学着与学生做朋友。只有把自己放在与学生平等的位置上进行交流，老师才能做到真正地与学生交心，了解到学生的真正需求。

* 老师在开展工作时，不能"一刀切"，要根据不同学生，不同问题，做出不同的判断，给出不同的解决方案。

我想只要做到这几点，一个老师无论带什么样的班级，面对什么样的学生，都能很好地完成教学与管理工作。

不得不提的是，在我们努力付出的同时，也得到了很多，比如尊重、友情、信任等。无论是教师，还是在其他工作领域，一踏入职业大门，我们就要明确自己想要什么，该做什么，以及如何去做，当明确这些后，你就要坚定信心，为此付出汗水，做出应有的努力，并经常回头总结，汲取经验教训，沉淀自己的思想，以让你未来的脚步更强健有力。

开启教师职业生涯，什么才是重要的

作为一个出生于20世纪60年代中期的人，我感到非常庆幸，因为比我出生早的那一批人，很多人由于多方面的原因没有得到上学机会，而对于农村孩子来说，上学无疑是一条比较不错的走出原有生活圈子的出路。

上学时，我一直都非常喜欢理科的课程，不管遇到什么问题，都非常执着地想把它们弄清楚，因为一旦掌握这些知识，就能解决与之相关的一系列问题。凭着这股钻研的劲头，我的学习成绩还算可以，可能这就是理科的学科特点。文科的课程，有太多东西需要背诵，需要较好的记忆力，这是我的薄弱项——甚至在理科里，我的化学成绩也比较一般，因为这门学科里有很多需要记忆的东西，比如某个元素在元素周期表中排在什么位置，还有关于物质生成的化学方程式，以及化合物的名称、物质的性质、沉淀与否等，这些都让我不胜其烦。

当年，报考大学专业的时候，我第一个希望做的职业是工程师，因为从小家里的电器、水管、自行车等坏了，都是我跟爸爸一起修的。我们父子两个都喜欢动手操作，我对工程机械、电子之类的东西，尤其充满了兴趣；我希望做的第二个职业是医生，我觉得医生能救死扶伤，而且社会地位也比较高。但最后在填报志愿的时候，我报了师范院校做"保底"志愿，只是为了找一个可以顺利离开农村、去城里面工作的职业，做教师完全符合这样的期望。

事实上，在20世纪80年代初期，师范学校是作为一种核心资源存在的。在那个年代，不管你高考成绩和第一志愿契合度如何，也不管你是否有别的志愿选择，只要报考了师范，首先就会被录取到师范院校。当时我选择报考华南师范大学时，选择了物理系，因为物理一直是我非常喜欢的学科。

和现在比，在我读书那个年代，学习的环境并不是很好，学校的学习氛围也没那么浓厚。那时的大学生活与现在相比，还算是比较轻松的，而且我们大学毕业后包分配，所以一开始有些同学抱着一种"60分万岁"的心理——只要60分就能合格了，可以拿到毕业证，分配工作。但是在整个大学的学习过程中，大家的认知也在慢慢发生改变，当然其中也有面子的原因，如果看到人家分数考得比自己高，也会觉得没面子，所以在大学读书的时候，大家还是在学业与其他活动的时间投入上找到了一种平衡。

几年大学生活下来，给我带来的好影响是直到现在我还一直在坚持积极参与各种各样的体育活动。读大学时，课业负担没那么重，所以我就有很多时间去打羽毛球，并慢慢喜欢上了这项运动，即便在现在的学校里，我相信羽毛球单打还没人能赢得过我。当然，那时我不仅打羽毛球，还踢过足球，练过武术，也去参加过一些其他文体活动。在大学期间，我在综合素养方面，以及教学能力方面，都得到了很好的培养。

后来大学毕业时，我就要面临分配问题。对于未来的就业，当时的我还是有点迷茫的，但说实话，那时候我还是不希望做老师的。

20世纪80年代末90年代初期，整个东莞的教育环境还和其他地方有差距。内地的情况要好一点，沿海地区刚刚改革开放，大学生的工资收入有时候还比不上一个在工厂打工的高中生——很多东莞的学生就算高中毕业一个月也能赚三四百块，而1987年我大学毕业的第一年，一个月的见习工资才200块。很多人都会注意到这种巨大的差异，所谓经济基础决定上层建筑，人们普遍都认为读那么多书没有用，以致整个东莞在20世纪80年代末、90年代初时，学生考大学的积极性普遍不高。

虽然当时的大环境这样，但我还是做了老师，其主要理由就是它能解决户口问题。我大学毕业后被分到东莞一中时是居民户口，假如我不做老师的话，户口就会被迁回原籍，会再次变成农业户口。所以当时选择做老师，为解决城市户口的考虑比较多一点。之所以提到这些往事，是从务实的人生经历出发思考，在我们刚踏上职业岗位的年轻教师中，有不少人也是在懵懂的状态下做老师的。但不论何种原因，我都建议尽快在站上讲台的那一刻起，面对学生，立下一个短期的哪怕是责任使然的目标——首先做一个负责的老师。

继续聊聊我当时的经历。虽然我是被动走上教师岗位的，但一站到讲台上以后，我就有了一份责任感，而且我做人还是很有原则的：无论如何，既然选择了做老师，就要让自己能够对得起这份工作。还有一个当时认知水平下的原因，促使我好好去教学：我要尽自己所能，不能在工作中丢脸。我时刻提醒自己，我是在华南师范大学受过四年正规大学教育的，在工作中必须负起责任，不能因为能力不行，让学生、家长、同事以及领导瞧不起。接下来，在从事教育工作的时候，一开始时我还缺乏一种先进的教育理念指引，随着工作经验的积累，我在实践中也不断在思考如何改变，变得更好。在这一过程中，我遇到很多对我的人生，特别是对我的教育工作影响比较深远的老师。他们的言行举止，他们对工作，对学生的态度等都对我影响颇深。从他们身上，我可以不断汲取那些正向的东西，这不仅让我丰富了业务素养，还不断更新优化我的教育观。

随着教育教学的经验不断丰富，和学生的感情越来越深，我才发现自己慢慢进入了角色，从一个对教育认知停留在"能解决户口"的水平，上升到追求优秀、追求卓越的境界。

回过头看这个过程，有很多启迪性的东西在。比如那个时候我肯定会遇到很多青年教师同样会遇到的困难，也迷茫和消极过，但我认为自己靠着几个核心的优点迈过了难关，让事业发展越来越顺。我想把它们写下来，希望有缘看到这些文字并且处于职业开端困境的年轻教师，能得到一些启发。

第一，多发现身边榜样的优点，并且主动学习。我当时总是很快发现人家身上值得我借鉴的好作风，至于那些不好的，一般都不会给我留下什么印象。这种心态就形成了一个特别阳光的能量场，吸引很多人主动帮助我，甚至包括那些平时不大合群的比较有个性的老师。由于这种心态，我看到的都是别人身上闪光的东西，这样，生活与工作起来，就能获得更多的快乐。

第二，真诚待人是把事情做好的核心因素。受家风影响和个人性格关系，我一直秉承永远真诚待人的原则。无论是做普通老师，还是走上领导岗位，哪怕是遇到对我不利或者是被冒犯的事情，我都喜欢换位思考，能理解别人的难处，并尽量给别人提供方便。记得我1996年去东莞实验中学做办公室主任时，学校还是一个三年前刚办的新学校，需要调入新教师。那时候调来老师的大小事情几乎都是我亲自跑来跑去办的，甚至还做起了需要办事的老师的专职司机，不停地把他们拉去不同的地方。很多新来的老师以为我是学校的司机或者办事人员，后来才知道我的身份，都对我非常信任和尊敬。在慢慢有了这些信任做支撑后，不管是进行教学还是管理，都会顺利很多。

　　无论踏入教育门槛时对教育的理解力有多低，我就这样一步步走过来，教学上不甘落后，尽职尽责，从未松懈过；管理方面力求民主平等，一直抱着服务他人的观念，相信真诚换真诚，付出总有回报，在尽力帮助别人的同时，也会不停收获着属于自己的快乐。

有时候，需要提醒一下自己很优秀

就如上文所说，我刚进入教育行业时，教学经验比较欠缺，对于怎么备课上课，怎么和学生交流，怎么开班会，怎么从宏观上搭建班级文化框架等，都是一知半解的。当时，我的大部分工作都是在那些年长的老师，以及科组长的耐心指导下进行的。当年工作了没多久，我就被评上了学校的"十佳青年教师"，这个奖项是所有老师民主投票产生的。不过潜意识里，我还是觉得自己很稚嫩，需要有依靠才能把事情做好。

此后即便是工作越来越顺手，我还是有这样的意识。直到一次领导找我谈话，我才知道在他们眼里，我已经很优秀，甚至可以独当一面了。

在我工作的第 6 年，学校有几个年龄大的年级组长准备退休，为了培养年轻的接班人，学校领导亲自找我谈，说要提拔我做年级组长。我当时的第一反应是：我太年轻了，恐怕胜任不了这项工作。况且学校里还有那么多有经验、有能力的资深老教师，一想到做年级组长要去管他们，我还是有点底气不足的。

后来领导告诉我，学校之所以做出这个决定，是因为他们已经对我进行过了全面而深入的了解，大家一致认为我是完全可以胜任的。他们所总结出的理由就是：第一，我品德好，工作勤奋，有奉献精神，并且很有责任心。第二，同事们对我的评价不错，我与大家都相处得非常好。基于这些，校领导才认为由我担任年级组长应该没问题。

接下来，为了能让我得到更好的锻炼，顺利接手新的工作，学校先让我给一个年级组长当徒弟，这位师父带我一年，之后我会从高一年级开始独立做工作。

经过一年的学习，我逐步掌握了做年级组长的工作要领，之后在领导与同事的帮助下，工作做得不负众望、有声有色。我先做了两年的办公室主任，接着做了6年的副校长，最后又做了10年的正校长，一切工作都开展得顺风顺水。

2005年，我被任命为一所重点高中的校长。当时正赶上该学校发展的低谷期，在充分听取了各方意见，并对学校的情况进行了仔细调研后，我从精神引领、颁布激励政策入手，重新规划了学校的发展框架。这些改革使得这所学校在很短的时间内就重新焕发了生机，并迈向新的台阶。2006年，学校被评上了第一批"国家级示范性普通高中"，此后还连续多年被评为东莞市"高中教学质量优秀学校"。

2013年，领导又提议让我去筹建一所新学校——东莞外国语学校。这个提议挺让我意外的，因为之前的校长工作非常顺利，学校发展也很稳定，我有不太想接受任务的念头。但本着继续为教育做出应有贡献的信念，我还是战胜自我，接受了新挑战。按照我的性格，一旦接受任务，就不再会有之前不想面对或者懒于挑战的想法——甚至有些欣喜：或许因为我在办学上有自己的想法和思路，所以领导才考虑让我来负责创办外国语学校的吧？自己所做的事情能得到大家认可，能担任更大的任务，这是一种激励。

而到一个新的平台上发展，对我来说何尝不是更好的成长？

在接受了领导的安排，接受了全新的挑战后，我就一直想着要把这个事情做好，比如：好好去思考、学习，不断地丰富自己，以适应新的变化。事实上，在办校的过程中，我就是一边解决不时会碰到的各种各样的复杂问题，一边不断践行自己的理念，这样既能提高自己的实践能力，提升自己解决问题的能力，同时也能激发出自己身上的无限潜力。

事实证明，人一旦冲破固有的种种限制，就能发现自己身上原来蕴藏着那么多能量，以前那些你无法想象的事情如今都能做得很好。所以，我们在工作中不能总是安于现状，而是要接受挑战，勇于做出改变，这样，你就会重新发现一个完全不同的、令你万分欣喜的自己。

从2014年10月起，我开始担任新学校的校长，通过广泛的调研以及反复斟酌，我引领大家确立了突破学校发展瓶颈的有效策略及工作重点。对于教师队伍，我们从多个方面采取了有效改革，以帮助广大教师克服职业倦怠，重新激发大家的工作热情；对于在校学生，我们也从强化学生规则意识和励志教育入手，激发学生的内驱力，引领他们积极向上、健康发展。因此，在2015年的高考中，学校交出了一份令人满意的答卷，并取得了历史性的新突破。

回首往事，还好当初我战胜了自己心里的那些怯懦，勇敢地迈出了自我革新的步伐，才能一次次接受挑战，一次次获得成长。现在，虽然东莞外国语学校已经取得了一些小成绩，但它仍是一个不停朝着好的方向奋力前行的大船；虽然一路惊涛骇浪，但在自己的努力和周围老师、朋友、前辈们的帮助下，我们一定会信心百倍，为自己，为大家，为那些所付出的辛劳，交出一份满意的答卷。

优秀教师的修炼：形成吸引支持的良善"磁场"

在我一路的成长里，固然有自己努力的因素，但我身边总会存在着一些默默支持我的人。在这些对我十分重要的人中，梁浩明校长是不能不提的一位。他年轻时在东莞一中对我可谓是精心栽培，之后又把我带到东莞实验中学继续历练。从为人处事风格的启迪，到面对困难的态度；从培养学生的理念，到管理学校的策略，方方面面，我都受益匪浅。

梁校长生于1945年，是"文革"前的高中生，毕业于当时整个东莞最好的学校——东莞中学。当年他在年级里边成绩非常好，但是那时读大学要讲家庭成分，很多家庭出身不好的人都没能读大学，因为他的父亲原来是个小作坊主，所以他没能例外。高中毕业之后，他没能继续上大学，而是一直做民办教师。

当年他做我们校长时，大概40岁左右。那时我刚开始工作，总是战战兢兢的，生怕在工作中出差错。当看到我对自己信心不足时，他就会鼓励我，说："小尹你人好，善于团结大家，有吸引别人真心协助的'磁场'。而且你善于学习，能够虚心听取大家的想法，在工作上一定没问题。"

虽然这只是些简单的话语，但对当时的我却有着非常大的鼓舞，也是对我做事原则的一种肯定。

他为人做事的风格，更是给了我很大的启迪与帮助。他第一个触动我的处事原则，就是淡泊名利、低调做人。如果大家对老一代知识分子的文人风骨有所了解，就会发现很多人身上都有这种品格。只是它出现在我身边的梁校长身上，对我的触动最大。我记得学校的工作开展得很好，有很多评优评先的机会，他总是想办法让别的人去领这些荣誉。我们有的人拿得多了，也会觉得不好意思，会和他说："校长，您不如自己去领一次两次的嘛！"他不以为然，如果有人一再坚持，他就会着急："我是校长，把荣誉让给你们老师，不管是什么样的荣誉，只要是你们获得的，作为领导不是同样也很有荣誉感吗？非要拿那张纸干吗？"

另外，他做人格局很大，一点也不急功近利，总是慢悠悠、充满善意。在团队管理方面，他要求大家互相帮助，并以身作则。在他一身正气的感召下，我们学校的工作中从来没有出现过干部不干活的现象。他采取的管理方式是：假如你不努力工作或者敷衍了事的话，肯定会找你详细沟通，而不是简单地通过调岗之类的方式解决。当然，那时我们学校大多数老师工作都做得很好，也许因为每个人的工作能力不同，工作态度不同，所以表现略有差异，但是不至于会有做得太差的老师，出现让孩子们与同伴不信任的现象。就算有个别老师实在做得不好，也只会被调整去做他本人认为确实适合做的工作。所以我们从来不会看到梁校长在教师管理上，有什么严苛的手段。他非常善于激励老师，使用的都是正向的鼓励，绝不是惩罚或制裁之类的方式。总之，他是一个温和的人，处理事情时也比较温和，所营造的校园氛围也是温暖的，让人觉得非常舒服。

从学生教育上来说，他也是有前瞻性和先锋意识的。他很重视孩子在文化、艺术、体育等方面的全面发展，并且在这些学科教学方面，杜绝浮于表面的情况发生。那个时候很普遍的现象是有正科和副科的区别，在一些考试前夕，正科的老师很自然地会占用艺术、体育等素质发展学科的课，大家都认为很正常。但在梁校长管理的学校，这些事情是不让发生的。当然，那个年代的条件和现在不一样，现在孩子的素质发展可能更多元些。但是对当时的孩子来说，最起码了解一下这些方面的学科知识，也是一种不错的启蒙。

梁校长已经退休多年了，但直到现在，我一有时间就会去拜访他。他女儿现在也在我们学校工作，就算我没时间，逢年过节也会让他女儿帮我带礼物给他——有些师者，是一辈子都难以让你忽略"尊师重道"这样的传统。

不可否认，在校长职位上，梁校长给我的影响最大。或许，人总是愿意和自己志同道合的人待在一起，而我们两个在性格方面就有很多相似的地方。作为师傅，是他把我从一所学校带到了另一所学校。后来我的工作，也延续了当年梁校长所确立的坚持推行素质教育的办学理念。可以说，在我的工作与成长中，梁校长的影响一直都在。

也许正是因为当年我在学校做校长做得卓有成效，所以后来东莞外国语学校开始筹建的时候，领导第一个就想到把我调来主持工作。

当时领导联系我，让我来主持创办东莞外国语学校时，我第一反应是："我学的是物理专业，不是英语，去外国语学校不合适。"领导很快回复我："你是去做校长的，不是教英语。"这种鼓励，简单直接。

大多数人天生求稳，不想改变、害怕改变，我同样也有这种想法。

在上一个学校工作,我不想改变:第一,学校各方面发展得都比较成熟,我的工作状态一直很好;第二,我和大家的关系维持得不错,能和一群熟悉你、接受你的人在一起工作非常愉快,一旦离开,任何人都会非常不舍;第三,当时学校的发展也很好,同事之间也非常有默契,甚至那时我外出培训半年都不用担心学校的工作有差错。

所以后来一想到要去办一个新学校,要一切从头开始,我还是有很多顾虑的。

当年,谁也没有想到东莞外国语学校能有今天这样的成绩。当时我只想到未来可能会面临着很多不可预测的困难,特别是以前我接手的都是现成的学校,并没有办一所新学校的经验,现在轮到我去办一个新学校,心里还是有点打鼓的。但是事实证明,在经历了这样一个办学过程之后,我成长了许多,也收获了许多。

现在我和很多校长说,假如自己能创办一个新学校的话,还是尽量去办吧,因为在建设这个学校时,从顶层设计到目标追求,再到其他的细枝末节,你都可以按照自己的思路去构建。在摸索前进的路途中,很多理念性的东西就会不知不觉迸发出来,那将是一笔无比巨大的财富。特别是等到你有所成就的那一天,那种自豪感会从心底油然而生,你会发现那些从前你认为自己无法完成的事,原来你也可以做到,并且能做得这么好。

作为一个仍然在前进的校长,我非常感激那些曾给予我引领和帮助的朋友与导师,正是因为他们,我在努力拼搏时才不孤单,才倍觉温暖。同时,我也愿意把这份温暖与关爱洒向身边那些同样需要支持的人们。

学习那些行之有效的处事之道

有这么一句饱含人生哲思的话，叫"世事洞明皆学问"。在工作与生活中，多观察、多思考，的确能让人获得很多做人及处世的学问。随着年龄渐长，我越发觉得这是一句至理名言，因为我也从中获益颇多。我的人生学问，总结起来还是有很大价值的。

首先就是多观察，多思考，多学习。在20世纪90年代初我还年轻的时候，曾经听过魏书生先生的一个讲座，其中有些话让我深有同感，那就是，无论在工作还是学习中，我们都要多观察，多思考，多学习。其实没有听到他讲这句话之前，我就在潜意识里秉持这种工作和生活观点了，只是那时还没有在我脑海里形成一种十分坚定的信念。但是碰到魏老师，听过他的讲座，再结合我通过其他培训获得的心得，以及当年的教育前辈与师傅对我的影响，这种信念就在我心中生根发芽，无比坚定了。

其次是无论对人和事，永远都抱有一种乐观的态度。那位把我从东莞一中带到实验中学去的梁校长，于我而言，我从他身上感受到了一种高尚品格的感召，这种影响力让我更坚定了去追求某些东西的信心。如果概括起来，他对我的重要启示，就是无论对人和事，永远都抱有一种乐观的态度。我记得梁校长最常和大家说的就是："不要愁烦，慢慢去解决，坏事情总会变成好事情。好事情还没发生，那就是时机还没到。"这听起来很简单，但大道至简，我越到职业生涯的后期，越对这样的做事态度有推崇感。

东莞外国语学校截至目前，依然是十二年一贯制学校。一个学校设有小学、初中与高中等不同的年级段，在实施教育时，每个年段孩子需要的教育方法、内容、实施途径与目标会不一样，虽然它们都属于基础教育里很重要的部分，但无论是教学管理，还是文化管理，还有教师团队的管理，都要分层分阶，而每个阶段又会有枝枝节节的事情发生，所以在别人看来，这得面对多少烦心事，得多累。但我却不是大家所以为的状态，从内心深处，在孩子们的身上，我更多是感受到了作为教育者的工作乐趣。每天看到他们不断生机勃勃地向一个更好的方向成长，我都满心欢喜，这些东西给我带来的职业价值感和荣誉感，是任何物质上的东西都无法比拟的。我就是这样，一直都乐观积极地看待那些已经发生的事情，一直特别信赖身旁的同伴，坚信他们能把所有工作都做好。

第三，我觉得从宏观的角度去看事情，烦恼会少很多。其实在任何人的生活中，都不可能避免消极事件的发生，我也不例外。在我的成长中，虽然偶有波折，但也算顺利，这肯定离不开家人、同事及领导的帮助，也离不开人生中遇到的各种各样人的影响。这些影响有好有坏，那些好的影响会成为我前行路途中的强大动力；而那些坏的影响，有时即使很难被遗忘，但在潜意识里我还是会自觉地把它们摒弃掉。这说起来很容易，可做起来并不简单，关于这方面的修炼其实非常艰难，因为对一些人来说，某些不好的事情就像扎在心头的刺，所幸的是，我一直是那种比较看得开的人。

走上管理岗位这么久，我觉得学校里其实也没有那么多特别让人烦心的事情。不管是现在的学校，还是在以前的学校，都是如此。对我来说，每天都挺有趣的。我是那种喜欢从宏观的角度去看事情的人。其实做人大气一点，烦恼确实会少很多。直到现在，积极乐观、忠于本职就是我的人生信条，并会一直伴随着我的思考与成长。

第四，要采取民主的方式解决问题。在管理学校时，其实我也是一路摸索着前进的，因此，有时有的地方免不了做得不够好，但我还是比较民主的，允许老师提出不同意见，从来不做"一言堂"校长。对于那些提出不同意见的老师，私下里给人"穿小鞋"的事情，也从来不会在我这里发生——这样不但不能使问题得到很好地解决，反而会让事情更加严重。

我觉得如果不采用民主平等的方式，任何问题想要彻底解决都是非常艰难的。我们学校的民主风气一直比较盛行，无论是学校解决老师之间的问题，还是老师解决有关学生的问题，大家都普遍认可这种民主、温和的方式。

第五，会换位思考。人都是不完美的，在和老师沟通的时候，我会将心比心，站在对方的立场理性分析问题，而不是简单地做判断、分好坏。同时，我也希望老师能站在学生和家长的位置上看问题。我觉得做沟通是为了解决问题，而解决问题则是为了老师与学生都能不断向更好的方向发展，其中绝不能掺杂什么个人情绪。

换位思考是对民主处理问题方式的延伸，是民主方式解决问题的最高阶段。平时，换位思考就是我经常和同事们说的处理与看待问题的方式。如果说民主只是你能心平气和地了解他人的看法，那么换位思考时，则能让你发自内心接受、理解对方的观点，因为此刻从思维层面来讲，你们已经不分彼此了。这样一来，还有什么问题不能够圆满解决呢？关于这点，不单单学校与老师要做到，孩子与家长也应做到，这样一来，大家都能从对方的角度来思考问题，家校沟通也能变得更为顺畅，很多问题也就不是问题了，反而能成为家校沟通顺利进行的助推剂。

我经常和学校管理人员一起交流、分享，以便真正从各个方面帮助老师。因此，很多人都觉得我们学校的老师特别有责任心，特别关爱孩子，对工作特别有热情，与家长的沟通交流也特别充分。这种局面是我们大家共同努力营造出来的，同时它又会推动大家朝更好的方向发展。

第六，重视以身作范。在多年的教学与领导工作中，我还有一个感受就是，一个人，特别是教育行业里边的人，他的品格与素养等，都会给学生和家长带来不小的影响，这些影响将远远胜于从他的嘴巴里面说出的话。

教育目的不能仅凭那些简单的说教实现，示范产生影响，就是实施教育的一种很重要的途径。比如，非常简单的保持教室的卫生问题，老师制定再多的惩罚措施，都不如弯下身来捡起一个纸团更有效——如果你这样做了，就是对那些随便丢垃圾的孩子最好的教育。虽然这样做起来虽然会让我们的工作繁忙一些，但如果教育者不仅能把课上好、班级管理好，同时也能帮助学生养成好的行为习惯，看着他们变得越来越好，心底就会油然而生那种非常强烈的满足感与自我价值认同感。

简单来总结：工作做得好不好，也不是用语言来评判的，而是要体现在具体的工作中，体现在别人的感受中。你的付出，大家看在眼里并给予肯定，就是最大的褒奖。有时候做这些事的初衷并不是为了得到什么奖励和赞扬,更不能计较别人的评价,只需要考虑如何做才能对孩子的健康发展有利,就足够了。我想实施这种教育行为的内驱力,一方面是源于大家对教育工作的热情,以及对孩子的满腔热爱;另一方面,也是学校营造的良好的文化氛围带来的有利影响。学校所提供的发展平台,让老师甘于奉献,勇于争先,在服务学生的同时,也牢牢抓住了一个又一个不断锻炼与提高自己的好机会。

为了让这种示范作用能更好地影响他人,提高自我,我们学校还会在教职工会上让教师展示各自的教学心得,或交流阅读一本书后的感受,以及让优秀教师分享自己成长的心路历程等,以此分享教育教学智慧,帮助更多的老师找到自己身上的不足。因为大家的经历有很多相同之处,所以某些成功的经验,更能为大家提供很好的借鉴,而那些能力获得提升的老师,可以再去影响他人,从而让这种影响在大家之间最终形成一种良性帮扶循环。此外,这种工作方式也有助于老师从责任或信念方面,找到自己对这一职业的兴趣所在,找到自己的职业追求目标。

人总是追求上进的,所以好的习惯一旦养成,并形成一种互相学习与促进的良性循环后,无论对个人,还是对集体的发展,都将是一股无比巨大的推动力量。

第三章 坚守国际化人才培养原则

理想是指路明灯；没有理想就没有坚定的方向，没有方向就没有生活。

——俄国作家 托尔斯泰

天才的教育需要科学的帮助，如果没有系统的、科学的帮助，先天的才能是无力的。

——英国教育学家 斯宾塞

如今，世界的发展瞬息万变，如果我们还是停留在过去的思维里，就无法与时俱进，甚至可能会被时代所抛弃。这个道理同样适用于教育，所以，在引领学生成长的过程中，教育者也需要及时更新观念，打破固有的思维模式，注重培养孩子的多元化思维与开放性思维。

查理·芒格在《穷查理的宝典》一书中，有个非常经典的比喻：一个人的眼界，往往容易受自身思维的局限，就像一个手里拿着锤子的人，往往会认为世界就是一个钉子。这种思维是非常狭隘的，而以这种思维来看待或解决问题，错误率也会很高——这也足以说明建立多元思维的重要性，它能有效避免我们用单一维度思考问题。同样，在学习中孩子如果能学会用发展的眼光看待问题，就能在很大程度上避免盲目性。而孩子一旦拥有了开放性思维，他看待事物的角度就会更加多样，会更容易接纳新事物，处理事情时会更加灵活，并且对未知的领域更具有主动探索的精神。

唯有如此，我们培养出来的孩子才不是一个个"木头人"或"机器人"，他们的生命将更加具有灵性，他们的人生也才会更加精彩。

那些推动一个人逐梦的力量

在人类社会每段历史的发展进程中，都存在着两条主线，一明一暗，其实一个人的发展历程也是如此。比如从出生、上学、工作，一直到现在，虽然我的每一步发展都能从经历上体现得清清楚楚，有迹可循，但那条看不见的发展暗线也一直如影随形，并在不断变换着。作为历史长河里的一个小人物，我的所见所思所想必定会与时代背景紧密相连。

当我们在历史背景下去思考问题，视角会宏大很多。我一直在回顾往昔，却很少用开阔的视角去审视那个时代中的我，所以，在写这本书时，我有意再次回过头来，去看看我是怎样从一个懵懂的少年，变成一个大学生，变成一个有想法的年轻的老师……

我自小就生活在一个民风淳朴的村子里，这让我童年的底色虽然谈不上五彩斑斓，但也不至于暗淡无光。总之，在我平静而幸福的童年时光里，总有一些如星光般闪亮的记忆碎片，会在不经意间闯入我的脑海，在我情绪稍微低沉时，重新在我内心中燃起亮光。

在我的成长之路上，对我影响较大的人一直在不断累积。在我年纪尚幼的时候,我的家人,比如我外婆、妈妈以及姑姑对我的影响要更大一点。而我周围的乡亲及生我养我的这片土地对我的影响,也是不容忽视的。

我们东莞算是一个侨乡。在我小时候,有很多东莞人会去香港或者南洋那边打拼,比如我的姑姑,她就曾到马来西亚、新加坡那边去谋生,每次回乡探亲都会给我们描述她经历的那个世界。在我们眼中,那里的新奇令人向往;她带回来的那些从未见过的东西,更是我们这些井底之蛙闻所未闻的。我想这就是一个最好的示范,更对我有一种巨大的鼓舞,至少在我这颗幼小的心中燃起了一簇希望的火苗,让儿时生活在乏味乡村中的我,看到了改变现状的可能。后来我之所以那么努力地读书,姑姑对我的影响无疑是最大的推动因素。

此外,在我少年时,村里不少人家都会安装一个天线,那样就可以收到香港的电视节目,那些香港的电视节目里所呈现的丰富的物质生活也影响了我,让我觉得人还是需要努力去体会更好的生活的。

那个时候,城乡之间的生活差距太大了,看看当时我们在东莞村里面的生活,再看看香港那边的生活,简直就是两个世界,那种繁华程度根本是我们无法想象的。后来经过改革开放,从物质条件上来讲,现在的东莞和香港并没有多大的差别了,从这点可以看出我们中国的经济发展有多快,经济面貌变化有多大。

但是当时很多人都经受不住从电视里了解到的那个繁华世界的诱惑,因此,在东莞的一个村里面有几十号人到香港去都是很正常的。

对于童年的我来说,除了来自电视里令人眼花缭乱的繁华的生活诱惑之外,我同时还被那些港剧中英雄人物传奇跌宕的人生经历所吸引,更被他们的独特个人魅力所折服,试想哪个青春年少的人没有一个英雄梦呢?毫无例外,我也是一个有英雄梦的人,虽然我从未把它挂在嘴边，但却把它付诸每一次的行动中了。我一直坚信，只要肯努力，无论前面的路有多难，也终将会被你抛之于身后。

向往比较好的物质生活和好的发展都是人的一种本能，这也是可以理解的。彼时的东莞农村，虽不至于说让人吃不饱饭，但生活也的确是辛苦、单调乏味。我记得当年包产到户，我和父亲去耕田，家里没有牛，就去借邻家的。父亲是个小学的教书先生，对于农耕诸事并不是很熟练，那头牛也不大听话，结果导致我们辛辛苦苦劳作一天的田地，被它踩踏毁坏得一塌糊涂。那个黄昏我和父亲坐在田埂上，我是比较沮丧的。父亲和我说："你要努力开辟另外的生活，这样的生活不适合你。"父亲那天和我聊了很多，把他所能描绘的外面的世界、未来的世界，都给我描绘了一番。他说即便生活不是如此艰辛，也有很多人会像我一样，希望通过读书来提高人生的品质，提高生活的质量，这是每一个少年都要立下的志向。虽然这条路并不那么好走，最后也许不能让人飞黄腾达，但这是最稳妥的一条路。

从那时候起，教育在我心中的地位就与众不同，它就如同黑暗里在面前亮起的一道光，也如同在面对困难，正想放弃时对面伸出的一只有力的手。懵懂时代，我就已经认定，虽然求索的路上充满艰辛，但我却可以通过它实现理想，在这条路上，我要勤勤恳恳、脚踏实地朝前走，不投机取巧，不蝇营狗苟。这条路是自己选择的，所以走在路上时所感受到的幸福，也一定会比强迫自己做不喜欢做的事时要更为强烈。

事实上，每个人在成长过程中，都会不断受到他人与外部环境的影响，也会不时面临选择。因为我们都没有未卜先知的本领，所以挫折在所难免。因此，在工作与生活中，我们要且行且思，不断从榜样的影响，以及对自己的剖析里，去找寻那些有利于我们成长的东西。

在我们慢慢有了人生感悟后，就会对自己的工作、事业以及整个行业不断进行思考，然后就会获得那种价值感、成就感，并使它们慢慢变成一种情怀，从而使人生得到升华。

我少年时期的思考，与我后来形成的教育理念，有很大的关系。我们作为教育人，作为孩子人生发展的领航人之一，该怎么给他们最好的引导呢？我们该如何在充满憧憬的年华里，让孩子对未来有所期待，并为之奋斗呢？现在的时代，从各个方面来说，其条件之优越，都超过了我所处的那个年代，但新的挑战和困境也随之出现。我们从那个时代走过，站在现在眺望未来，传承、引领的责任更重，育人的目标、途径也需要更科学。从国际融合发展的大趋势来看，至少在我的观念里，树立培养国际化未来公民的想法，一直都在实施和不断精进中。这是东莞外国语学校的坚守，是全体师生的坚守，也是我个人的坚守。

培养身心健康的人，是教育的第一要义

培养身心健康的孩子，是教育的第一要义。二者紧密相连，缺一不可，有了好的身体，孩子才能精神愉悦；孩子精神愉悦了，才能有一个好的身体。在培养身心健康的孩子的道路上，无论社会、学校还是家庭，都任重而道远，这是需要大家共同努力、多管齐下，才能做到的。

而在我们东莞外国语学校，我和全体同事们一直在践行着这一理念：培养身心健康的孩子，要始终作为我们工作的重中之重。

提到教育，大家首先想到的就是知识的传授，但以这么多年来对教育的理解，我觉得教育的意义不仅仅是给孩子带来知识，更重要的是应该帮助孩子涂好包括自信心、自尊心等在内的人生底色。

现在，无论是学校教育还是家庭教育，对孩子身心健康的诸多问题，基本是熟视无睹，甚少关心。大多数人的这种"学习大于一切"的认知，我们称其为本末倒置也毫不为过。其实，孩子的身心健康有了良好的发展，在知识的学习方面才能有更好的发展。同时，一生的路很长，只有身心健康了，孩子才会有更美好的明天。

要想认识到身心健康对一个孩子发展的重要性，我们不妨先从不健康的危害谈起。那些身体不健康的孩子，很多是因为没有一个好的生活习惯，有的是饮食习惯不好，有的是不喜欢运动。有句话叫"好身体是革命的本钱"，如果没有一个好的身体，其他的一切都是空谈。在如今生活条件大大提升的情况下，那些面黄肌瘦、营养不良的孩子不多见了，相反的是，那些营养过剩的小胖子却越来越多了，有些孩子甚至体重严重超标。造成这一现象的原因不仅在于孩子吃得好、吃得多，还在于孩子运动量的缺乏。如果孩子过于肥胖，不仅危害其身体健康，还会对他们的心理造成一定的伤害，他们会被周围人嘲笑，在同学面前表现得很自卑。

仔细观察一下那些心理不健康的孩子，在本应该好好学习的年纪却逃学厌学、打架斗殴，且自私自利、对他人感情淡薄、不懂感恩。以上这些还算轻的，更严重的是近年来经常会被媒体报道的青少年伤害自己及他人的事件。比如有的孩子就因为被父母收走了手机，不能继续玩游戏，就不惜以跳楼作为反抗。在因疫情延期开学后，这种情况更为严重。有的孩子因为担心成绩不好被老师和家长批评，患上了严重的抑郁症，不得不结束学习，去医院接受治疗；有的因为老师的一两句批评，就轻易地以结束生命作为抗议。被统计出来的只是一个个冰冷的数据，但每一个数字背后都是一个支离破碎的家庭。是什么原因让这些孩子陷入自我设定的牢笼，不管不顾地伤害自己，做出极端的事情呢？究其原因，还是因为他们没有一个强大的内心——其内心世界是不堪一击的。

因此，为了孩子能健康成长，我们教育的首要任务就是要培养身心健康的孩子。东莞外国语学校一直在这几个方面，注重对学生引导和教育。

首先，培养孩子养成良好的生活习惯。现在的家长由于工作忙或是自身懒惰，对于吃饭，特别是早餐，总是应付了事。如果我们想要孩子有一个好的身体，家长首先应能保证孩子可以按时吃饭，有一个健康的饮食习惯，这对于孩子的身体健康非常重要。

其次，我们必须要让孩子学会劳动。我们不可能永远代替孩子做任何事情，所以要在孩子小的时候，就让他们做一些力所能及的事情。我们要懂得适时放手，这样孩子才能够自己学会简单处理一些事情，在遇到事情时，孩子才不至于手足无措，陷入被动。

第三，我们要注意培养孩子的创造能力。孩童时期的思维是最自由的，不受任何外界的影响，对于孩子提出的一些新奇想法，我们不要因为可能耽误孩子学习就粗暴干涉，而是要给孩子挑战自我的机会。孩子成功了，要表示祝贺；孩子失败了，要给予鼓励，让孩子始终保有一颗探索之心，这将对他的人生有百利而无一害。

第四，我们要鼓励孩子与更多的人在一起运动，不能因为怕孩子受到伤害而只把孩子关着养。孩子必须要生活在集体中，这样他们才能在与他人的交往中学到很多必要的生活技能，比如组织能力、沟通能力、解决问题的能力等。

最后，还有一点很重要，我们要重视培养孩子的阅读习惯。在平时，父母和老师要多听取孩子对书籍选择的建议，在家中，可以适当地给孩子布置一些图书角；在班级中，可以通过开班会的方式让孩子参与阅读分享，并请孩子谈谈自己的看法，或者请孩子根据书的内容进行编剧创作、参加演出。

除了上述举措，与孩子有效沟通，掌握高效沟通技巧，也是非常重要的。当与孩子沟通的时候，应注意以下几个方面：

校长管理心得

怎样与孩子有效沟通

* 在和孩子的沟通中,老师或父母不能用那种高高在上的姿态,而是要放下身段,与孩子平等地交流;

* 不要任由孩子告状。如果孩子常在我们面前说别人如何如何,那么,他就是在试图推卸责任,把错误归咎于别人。一般来说,对于孩子的告状,我们应该表明自己的观点:这种打小报告的做法是非常不可取的,你们不赞成这种做法。然后我们要帮助孩子分析事情的来龙去脉,有时即便不是孩子的错,也要告诉孩子要用一颗宽容的心看待事物。

* 在和孩子沟通交流时,我们要试着倾听孩子的真实想法。生活中,大人们和孩子讨论问题时,习惯要求孩子"听我的",而不是"听你说"。其实,我们应该家长给孩子多一些发表自己看法的机会,让他们敢于说出自己的观点。这样不仅能有助于问题的妥善解决,还能锻炼孩子积极处理问题的能力。此外,大人们多留意孩子的真正需求和真实想法,才会让孩子感觉到被关爱,被尊重,从而也让师生关系、亲子关系变得更和谐。

同时,我们还要培养孩子对社会的责任心,必须要求孩子学会主动关心老人、病人和比自己小的孩子,教育孩子爱国、爱学校、爱家庭;告诉孩子遵守社会秩序,爱护公共财物,严于律己等。

以促发展为指向，让学生生命焕发光彩

英国著名教育家怀特海认为，与文化有关的思维，就是感受美与人类的情感。一个人如果仅仅知识渊博还够，教育的目的，是培养出既有文化修养，也具有专业知识的人，专业的知识是他发展的基石，而较好的文化修养，则会使他既从容优雅，又心怀高远。因此，在教育中，我们不能只关注知识的传授，而是要培养既有学识，也有修养的人。

我国著名教育专家李镇西老师也曾在自己的著作里提出过："教育的核心理念，是对学生的尊重——尊重学生的尊严，尊重学生的个性，尊重学生的情感，尊重学生的思想，尊重学生的差异，尊重学生的创造力……"其实，无论是怀特海，还是李镇西，都指出了教育要关注孩子的全面发展，要注重对孩子多方面能力的培养，这也与现阶段我们国家大力推行素质教育的理念如出一辙。

在培养适应新时期全面发展的人才方面，我们学校一直在努力从各个方面践行着，并为之制定了不同的可以推动孩子多方面发展的方针与政策，同时也把工作重心放在学校文化建设上，重视对师生的精

神引领。具体表现在如下策略上。

首先，重视选修课。选修课的开展，就好像在孩子面前打开了一个又一个不同的世界，他们可以在自己喜欢的领域里探索学习，增长见识，提升自信心，从而有助于他们养成正确的学习态度与习惯，增加学习的动力与兴趣。所以，让孩子上选修课，不仅影响不了他们的学习，反而能助力学习。

其次，重视阅读。我认为孩子应该从小时候起，每天都坚持阅读。因为阅读不仅可以给人带来学习力，还能增加我们的知识储备。对于阅读，我这一代人还是比较欠缺的。那时候我们所谓的阅读就是看武侠小说，脑子里整天都是天马行空的武侠梦，不像现在，图书种类十分丰富多样，能大大满足不同孩子的需求。在我们学校，图书角随处可见，给孩子们的阅读提供了不少便利。

阅读不仅对于个人成长非常重要，对于一个国家的人才培养也很重要。在那些教育发展比较好的国家，人们的平均阅读量都非常大。比如犹太人，他们一年的人均阅读量达到了六十几本。在我国，很多人进行的都是一些零碎的阅读，而这种阅读方式远远没有整本的、系统性的阅读效果好。要知道，阅读对个人发展的影响非常深远，而且不仅限于知识积累的层面上。

我觉得自己当年就是一个对阅读不感兴趣的人，这是因为我小时候的语文老师整天让我们背东西，背着背着就烦了，觉得读书太无趣了，从而对阅读也就不感兴趣了，仿佛阅读就等同于背书一样。因此，我们在培养孩子的阅读兴趣时，还要注意方式方法。在孩子开始学阅读时，我们可以挑一些他感兴趣的书让他看，切记在孩子不想看时不要逼他，而要等孩子阅读习惯养成以后，再慢慢增加阅读的种类与时间。

第三，注重德育工作的细节。以前，我经常听到不少同仁抱怨，说他们的德育教育对学生好像没有效果。我想没有效果的原因，大概是他们实施德育教育的方式出了问题。说到德育，首先，我们要教育孩子爱家人、爱家乡。如果一个人不爱家人、不爱家乡，那他更不会爱国。这样的人一定是极度自私的，当然这也不是我们实施德育教育想要的结果。其次，德育不能单纯依靠灌输。在实施德育教育的过程中，最糟糕的德育方法，就是采用灌输的方式，这很难在学生身上起到什么效果，更不用说打动他们了；而最好的德育教育方法，就是让孩子们自己去体验，并有所感悟。比如说要想让孩子在学校里感受到温暖，老师和学校就要站在孩子的角度去想，孩子们最需要我们为他们做什么，才能让他们感受到学校和老师发自内心的关怀。

第四，重视基础教育的前端。虽然我不负责教学工作，就是做管理，但是如果去跟那些传统的小学、初中的校长相比，我觉得我更重视基础教育的前端，更重视培养学生的素养素质。

培养学生的素养素质，一定要把握最好的时机，在孩子小学初中的时候就要抓紧，不要等到高中才想着去重视，那时为时已晚，再想去弥补就非常困难了。所以，我经常和小学的老师与家长讲述这样一个观点：在小学时，孩子品格、道德、兴趣、爱好、习惯等方面的培养，要比成绩更为重要。长远来看，孩子小学时 90 分或 95 分的成绩，在高中老师的眼里是没有区别的，只要孩子的成绩不是很差，就不要为了多考几分拼命让孩子做作业、背诵课文、上辅导班等，而要让孩子做一些自己感兴趣的事情，比如阅读或参加其他拓展课程，这样对他们的健康成长意义会更大。

如今在东莞的学校，不管是初中还是小学，学风都算得上相对开放，学校的学习氛围也更为活跃，这是因为学校更加注重孩子各方面能力的均衡发展。在组织学生进行各种各样的活动，以及在学生中开展各种选修课的时候，我们学校一直都是非常积极的。对于孩子文化课的学习，不一定是小学、初中的时候抓得紧，高中的成绩就会特别好。相反，如果在小学、初中阶段，孩子的学习被抓得太紧，首先会让孩子的知识面变得狭窄，眼界也不够开阔，并因而会带来一系列不良影响，其中就包括影响孩子高中的成绩，以及今后的健康成长。其次，这样做的最大弊端就是，会让孩子对学习慢慢丧失兴趣，这才是最严重的。

学校教育的初衷其实是帮助与促进孩子学习，如果一开始我们就强迫孩子在学习上投入过长的时间，那他们对学习的兴趣就会慢慢减弱，甚至被全部消耗掉。这也是现在的很多孩子到了大学都不愿意再继续学习的原因。一旦脱离了学习的枷锁，他们就想彻底放松一下，进而慢慢变得过于放松，很难去自觉学习。其实，导致这种现象出现的原因怪不得孩子，而在于我们负责基础教育工作的老师和校长，是他们联手把学生弄得不胜其烦，不愿意主动学习的，要想革除这种弊端，就必须推行有利于孩子身心发展的素质教育。

第五，重视体育与艺术。平时，一旦讲到学习，我都会和大家分享我对学校必须设置体育与艺术这两个学科的理解。对此我通常都是从教育内涵方面来分析的：

对于体育，首先，可以让人的身体、意志力变得更强。特别是在进行对抗性运动时，那些能让人直面成功与失败的时刻，更能让人领会那种不放弃、不抛弃的精神，并最终把它转化为自身的能量。其次，体育运动可以培养人的规则意识。在一些团体体育项目中，特别讲究团队精神，因而可以培养人的集体意识。由此可以看出，体育对一个人的成长有多重要。

相比体育，我对艺术的理解力有些许薄弱，但这并不代表我没有审美能力。我记得西方一位学者曾说过"艺术是灵魂的体操"，这句话可谓非常贴切传神。特别是现在，艺术已经被放在了美育里非常重要的位置上，对于追求美以及创造美，人们也从视觉层面上升到了精神层面。所以，我们更要意识到推行"德智体美劳全面发展"的教育方针，既是我们必须要严格执行的国家政策，也是教育的大势所趋，更是培养未来合格接班人的有力保障。

在我们学校的课程设置中，不管是在思想上，还是在活动里，艺术和体育都一直深受重视。每年，我们学校都会举行很多活动，积极从宏观角度上真正地把体育、艺术、文化这三者融合在一起，以帮助学生实现全方位的发展。无论是从时间点的把握上，还是到具体活动的落实上，我们的广大师生都乐在其中，学有所得，真正收获了很多，成长了很多。

第六，开设研学实践课程。我们学校就有个课程叫"社会实践活动"，现在更名为"研学实践课程"。

其实从2015年开始，我们学校就已经开始组织学生去户外实践了，甚至去了海岛，我觉得当时敢把学生带到海岛里面去实践的学校少之又少。当时，大家是想通过此类活动，让学生能对自然有更多了解，同时增强他们团队之间、人与人之间的了解，以及更好地感悟生活。在我们做这类活动后不久，国家也推出了一系列研学旅行课程。而我曾代表学校，在全省的一个教育论坛里介绍过我们学校是怎样开展此类活动的，这充分说明在开拓新课程方面，我们学校是敢于尝试的，我们的教育理念还是比较超前，并符合国家培养人才要求的。

上面一直在提注重孩子各方面素养的培养，但我们并不能由此将素养和学科成绩割裂开来，两者之间并不是非此即彼，而应该是一种互相促进的关系。

关于这点，前几年我在和老师交流时，曾用世界杯比赛为例来进行过阐述。有次我刚好半夜起来看了场世界杯决赛，这引发了我对教育的一些思索：对于这种比赛，有时候我们只是知道了一个最后结果，几比几，或者哪个球队赢了，但这些在我们的记忆里是不深刻的。假如你把全场的比赛都看完的话，那么场上的很多场景与片段，都会令你记忆犹新，甚至某一刹那的一个精妙配合都会深深刻在你脑子里。

那么，在教育中，假如我们的老师只是关注孩子的成绩，而忽略了他在成长中每一步的变化，他的成绩可能过不了多久你就忘了；但假如我们把注意力放在孩子每天的变化、每天的成长，甚至是每一阶段的表现上，此时对你来说，每个孩子都会不一样，每个孩子每天都会不一样。我觉得这才是教育工作中最吸引人的地方。

我这么说，只是希望老师不要只盯着成绩，还要关注孩子其他方面的成长。如果大家能认清这一点，并在观念上有了改变，那就努力从今天开始做好它吧！

我们所进行的每一步尝试与改变，在结果没出来之前，谁也无法提前预知它的好坏，只需将它们做得尽善尽美即可——在结果出来之后，坦然接受，就算没达到我们的预期目标，还可以从头再来。只是，我们要一直坚信，在教育里，只有让素养和学科成绩互相促进，共同发展，孩子才学得快乐，你也教得快乐。这里，以我们体育和阅读融合的体育节为例吧。

东莞外国语学校一直以开放、多元为办学特色。学校践行"活动育人"德育理念，力图将德育教育主题化、系列化、课程化，旨在让孩子们在课程引领、教师指导下，根据不同年段的心理和学习特点，充分进行主题探究、具体体验，让生命得以成长。如学校体育节开幕式展演以"演绎经典，点亮未来"为主题，巧妙地把德育教育与其他学科的课程相互融合，达到预期的教育目的。

一、以时间为轴，整体规划并实施课程

第一阶段：9月初，确定经典篇目，明确演绎目标。开学之初，学校组织语文教师进行经典文学的筛选，全校88个班级抽签确定各班要演绎的篇目，进而明确目标。

第二阶段：9月初至月底，阅读经典，感受文本之美。各班级确定阅读篇目后，语文老师结合全课程⑨教材先引导学生整本书阅读，在初步阅读的基础上进行再阅读，深入文本内容，使学生在阅读过程中把握情节、人物形象，梳理思路。

第三阶段：10月，编辑脚本，演绎经典角色。以"重要的主角，伟大的配角"发起表演倡议，让每个孩子在"剧中"都成为重要一员。演绎过程中，孩子们利用肢体、语言尽情展示自己，重现经典中精彩情节。

第四阶段：11月5日，体育节开幕式拉开运动会帷幕，开幕式的展示是一个让孩子们展示自我的平台。当天，所有班级将在主席台前一一通过，班级所有学生要立于舞台中央，在台前进行一分钟经典戏剧展演。演绎经典、诠释人物，在具身体验中让生命得以生长。

第五阶段：总结回顾，生命拔节生长。

活动过后，及时梳理、总结，让师生对活动产生更深刻的认识，让课程更深入，让生命拔节生长。师生在回顾、总结中发现，体育节本身就是一场"英雄"之旅。无论开幕式上的展演，还是运动会上的挥洒汗水，都需要"小人鱼"式的"义无反顾"。输赢也好，有无名

---

⑨ 全课程理念下的整本书共读，是指以全课程理念为指导，选择经典的文本、读本，从不同维度发掘有一定逻辑联系的文本内容开展阅读活动。

次也罢，参与过后，孩子们对"英雄""勇气""团队精神"等属于生命成长的名词，都有了更新的认识。

二、以年段为纬度，让不同层次的孩子都有所得

（一）低年段：体会童话世界的真善美

1. 脚本学习，体会人物

一二年级的孩子，身上的儿童性体现得还很深刻，而儿童喜欢童话，主要是因为童话故事能极大限度地满足他们的想象力，童话故事中的人物角色众多。所以在引导孩子体验角色之前，首先进行脚本的学习，体会人物特点。

（1）多种途径，重温经典

比如二年级各班学习脚本的选材不一，形式不一，有观看电影，有共读绘本，还有开展班级小小的辩论会等，在熟悉故事内容后，引导学生感受不同人物的特点，发现童话的真谛。

（2）深入文本，多角度阅读

由于低年段学生的年龄特征和阅读经验的局限性，对事物的理解往往较为表面化，在阅读绘本或原文时，需要教师指导学生阅读方法，引导学生通过多角度阅读重点片段并进行分析和讨论，让学生对文本和人物有深刻的理解。如在学生初看《灰姑娘》时，都会喜欢善良的灰姑娘，而厌恶对灰姑娘百般刁难的后母。教师通过引导学生从母亲视角去审视后母这一角色，学生会发现，后母是一个充满母爱的角色，她虽然不爱灰姑娘，但是非常爱自己的孩子。通过多角度的阅读，能让学生看到更多东西：母爱、友情、自爱等，尤其懂得善良的重要性。

2. 问题引导，链接生活

人物是童话故事的核心要素之一，在感知故事人物形象后，顺应故事的思想，抛出问题，指导学生链接生活，回归生活。如在《小红帽》的脚本学习后，以"能否接受陌生人的帮助"为主题，开展小小辩论会，让学生通过阅读《小红帽》，对陌生人做进一步的认识，明白在生活中，面对"帮助"时，如何做出正确的选择，面对伪装的"帮助"时，如何进行自我保护。

3. 角色分工、精心排练

教育戏剧，教育是核心，戏剧是手段。排练戏剧，角色间要相互配合、支持，在信任的状态下，建立起故事中的自己。在排练的过程中，培养孩子的合作、社交等能力。

（1）角色分工，各司其职

在角色分工中，各班根据实际情况进行：一是自主报名，竞选角色。脚本确定后，由学生自主报名，如果一个角色出现多人报名的情况，则开展竞选演讲，由全体同学进行投票，票数居多者饰演。二是根据学生特长，由教师安排。

（2）不同的角色，同样的重要

关于角色的选定，一开始，很多学生要演小红帽、白雪公主、灰姑娘等主角，都不愿意担任配角。面对这种情况，教师让学生对角色进行讨论，再提炼角色的品质，最后学生明白，一台好的戏剧是靠每个角色组合而成的，只有每个角色各司其职，才能将整台戏剧演好。

（3）舞蹈演绎，强化肢体表现

戏剧中，为了增强表现效果，会融入其他艺术表演形式，舞蹈是其中的一种。在舞蹈演练中，教师进行内化品质的渗透，例如202班演绎《坚定的锡兵》中的小锡兵，希望学生能将单腿锡兵的果敢、自强融入生命中。因此，在舞蹈上，选择了儿童类获奖舞蹈《兵娃娃》，用坚定有力的动作，表现出士兵的英勇无畏。

4. 制作道具、准备服装

在道具制作上，可以充分发挥想象力和创造力。

5. 剪辑音乐、烘托剧情

音乐是戏剧的重要组成部分，是情节的诠释纽带，一首好的音乐对整个戏剧能起到至关重要的作用。例如《丑小鸭》就用了剪辑的方法把一个丑小鸭被其他小鸭子欺负的情景烘托出来了。

6. 学科融合、精彩纷呈

低年段师生在教育戏剧的准备过程中，音乐老师指导音乐、动作，美术老师指导纸板的制作，数学老师抓住孩子们对童话故事的喜爱，巧妙地借助童话故事把数学知识融入进去。通过这样有趣的贴近生活的设计，让孩子们在整个过程中，兴趣盎然地学习数学知识。

童话与戏剧的奇妙搭配给低年段学生带来了丰富的戏剧体验，通过多角度感受童话的文化魅力，开阔视野、启迪心智、强健体魄，也传递了真善美的价值观。

（二）中年段：体会经典阅读与体育运动的融合美

中年段的孩子以三四年级为主，他们无论是理解力，还是阅读能力，都较之以前有了很大的进步。同时，他们对于体育运动和经典名著的理解，也会有更深层次的认知。所以，本阶段的课程设计，开始脱离童话表演的单纯性，进而把体育运动和经典阅读紧密结合起来，以期让学生在全课程学习和体育活动中得到更深更广的发展。

1. 研读文本、感知经典

在全课程学习方式下，在老师的带领阅读下，学生完成故事章节学习单。比如三年级三个班先利用一周左右的时间对《夏洛的网》进行全班整本书阅读教学。这是一部描写友情的童话，在教学中我们三位老师紧紧围绕友谊这一主题，抛出问题：哪个人物最吸引你？

学生围绕这一问题，进入故事，开启阅读之旅。书中有两个最重要的人物：夏洛和威尔伯。威尔伯曾是一只无人关注、别人嘲笑的落脚猪，在善良、智慧的蜘蛛夏洛的鼓励和帮助下，它逐渐成长为一个光彩照人、阳光积极的王牌猪。他们互相帮助，彼此成就，在故事和人物的牵引下，孩子们被主人公身上的美好品质深深吸引，并且深切感受到夏洛和威尔伯之间的深厚友谊。在老师的带领阅读下，学生完成故事章节学习单，提炼出人物性格，为自己最喜爱的人物绘制名片。

此外，老师还让学生续写结局，写下威尔伯后来照顾夏洛子女的故事，让他们进一步体会人物之间互相传递的真挚友谊。

2. 链接生活，让经典内化为个体的精神营养

全课程的学习一定是全身参与，并与生活建立联系的。比如读完整本《夏洛的网》，班级随即开展了互助活动。老师先让同桌两两组成一个小组，分别化身为夏洛和威尔伯，在一周的时间内，按照事先填写好的学习单表格，在生活、学习上帮助、鼓励对方，比如帮对方解一道难题、替对方装一杯水，或者互相监督课堂认真听讲、积极举手，在互帮互助的体验中，让彼此共同进步、共同成长。

一周时间过后，每个小组互相汇报学习单上的记录情况，收获彼此进步的喜悦，促进同学之间的感情。通过这个活动，我们希望书中人物的美好品质能够在现实生活中与孩子们的成长相结合，既能读出人物美好品质，又能亲手"织"出属于自己的友谊之网。经过细致深入的阅读和班级友爱互助活动，这本书的内在精神已经深入孩子们心中，接下来我们选择将书中的精髓内化为班级文化，并结合本次体育节进行展示。

孩子们先绘制创意蜘蛛网，再在美术老师的带领下，把绘制的各种形状的网张贴在一张象征着班级风采的大网上。体育节开幕式上，

我们将书中主人公夏洛和威尔伯的性格、品质融入开幕式入场词，既体现书的内容，又展现班级独特风情。如301班阳光热情、302班智慧勇敢、303班善良感恩，并配上符合主题文化的歌舞，为现场观众带来一场童趣阳光的表演。

3. 从文本到个体，学会理性选择

各班主要用教育戏剧的形式，融合音乐和舞蹈来再现经典情节。在角色选择的时候很多学生开始都希望扮演那些正面的主角、服装美的人物，而像女巫、海草、珊瑚等这些配角和场景，却很少有学生会选择。通过全课程的学习，他们明白了"重要的主角，伟大的配角"，每一个人都很重要。通过学习，他们的选择从纠结到豁然开朗，很多学生也因此能结合自己的特点选择最适合自己的角色，而不是盲目的用大众的眼光来选择角色。

而这种观念的迁移，也表现在参加运动的项目上。运动会初赛要求全员参与，每一个人只能选报一个项目，最后各班决出项目的前两名进入决赛。选择项目时会出现很多学生挤报同一项目，而有些项目无人选报的情况，所以学生是选择自己喜欢的项目经历激烈的竞争，还是选择没有人报的冷门项目直接进入决赛？通过全课程学习，大多数学生会坚持自己的愿意，选择自己喜欢的项目，哪怕面临不能进入决赛的风险。遵从内心的想法，心怀梦想出发，这不就是我们通过经典阅读，得来的德育教育成果吗？

活动中，我们融合了阅读、音乐、表演、体育……在这场全课程的美味大餐中，带着学生经历了一场勇气与团结的旅程，让学生的身体和精神得到了共同的成长。

(三) 高年段：在内涵发掘中与经典作品产生共情

对于高年段的学生，在体育节上演绎经典的设置，是要有不同于其他年段的解读要求的。对他们来说，对名著的演绎不能局限在一分钟的展示中，应该是在一个时间段内，融入课程的学习。漫长悠久的岁月，大千世界的风景，性格迥异的人物，各具特色的故事，都可以浓缩在所要表现的戏剧中。在那里，他们可以尽情展示自己，重现名著中精彩的情节。而体育节的展示正是一个极佳的平台，学生可以将剧中的人物演绎到现实生活，将文学之美与体育之美巧妙融合。

1. 阅读经典，提取文学之美

我们首先是解文本，启魔力，引导学生如何进行整本书阅读。然后进行再解读，重指导，使学生在阅读过程中把握情节、人物形象，梳理思路，在初步阅读的基础上进行再阅读。接下来就是拓渠道，合思维。我们设计了思维导图和手抄报，学生亲自动手设计，既发挥了思维的作用，又加深了他们对读书的乐趣。最后是议剧本，联生活。学生通过剧本的展示、情感的表达，真正做到了学以致用。

2. 知行合一，融合竞技之美

创意古今奇妙法，各自发挥真性情。如六(1)班选取的是《红楼梦》《三国演义》串烧：一座空城一台戏。台下人走过，不见旧颜色。台上人演绎，观望空城计。《红楼梦》和《三国演义》作为经典名著，学生各种奇思妙想巧妙融合：贾母、王熙凤和林黛玉以后人的眼光观看台上人演绎的三国空城计。观历史，明古今，自审视。戏如人生，人生如戏，演绎的不仅仅是台上剧，更是鲜活的自己。刘禅的慌乱无措，诸葛亮的胸有成竹，司马懿的多疑，演绎的是鲜活的历史人物，审视的是成长中的自己。

而六(5)班选取的是《红楼梦》《水浒传》串烧：大观园里的垂杨柳。以写意的手法，女孩子以柔美的舞姿展现大观园里的欢乐氛围。音乐转换，画风突变。男孩子随着一曲阳刚劲爆的《好汉歌》出场，把观众带入鲁智深与徒弟们狂欢的菜畦。狂欢正在劲头，却被树上的乌鸦叫声扫了兴致。鲁智深大怒，倒拔垂杨柳。幽默与严肃浑然一色，红楼梦的阴柔之美与水浒英雄的阳刚之气巧妙结合，演绎了一段文学与体育相融合的情景剧。

莞外学子汲取名著中的经典，演绎经典，将人物内心表现得淋漓尽致，于书，他们是受益者；于舞台，他们是表演者；于运动，他们是展现者；于生活，他们是实践者，这就是全课程的美，这就是文明的精神。校园有了体育运动，就有了生龙活虎的青春气息；校园有了艺术，就有了深厚的文化底蕴；校园有了文化；就有了灵动的精神面貌；校园有了精神，就有了高远的追求目标。而这种把德育教育课程化，和学校的节日结合、和各学科教育融合的多元并举的做法，值得进一步探索，以总结出更多更有助于学生生命成长的宝贵经验。

让学生自我管理的有效路径

作为教育工作者，陪伴与教育孩子就是我们的日常工作。在进行教育时，帮助孩子实现自我教育，是一种非常重要的教育方式，因为它在孩子生命的可持续发展中有着重要意义。无数事实表明，只有当我们的教育方式能够触动一个人的内心时，他才能进行自我教育。

我觉得对孩子来说，能让其实现自我管理，是一件非常好的事情。虽然在关键时期、关键时间他们需要陪同，但有时候我们也要给孩子留出空间，让他们学会独立，特别是对高年段的孩子来说更应该这样。其实在初高中时期，孩子是不愿意被我们一直紧张地盯着的。

首先，无论老师，还是家长，如果想让孩子实现自我教育与自我管理，必须要有一个前提，那就是取得孩子的信任。以学校教育为例，如果老师想让学生实现自我管理，就不要对学生总是采用惩罚式的教育，因为"绝对的教育是与惩罚无缘的"[10]。如果老师对学生的某些不良行为表现出愤怒情绪，并通过评判、责骂发泄出来，那就不可能

---

[10] 苏霍姆林斯基：《给教师的建议》，长江文艺出版社，2021年版，第228页。

让学生实现自我管理。

有一种现象相信很多老师都很熟悉，如果老师对某个欺负了同学的孩子进行了严肃批评教育后，很可能会发现下次这个欺负别人的学生仍会犯同样的错误，甚至还会变本加厉。其实，学生在犯了错后，自己也会深感愧疚，这时候如果我们再对孩子进行惩罚，他又会觉得很委屈，仅有的那点内疚感也会被怨恨冲走，接下来他仍会做出一些不理智的行为，这也是学生犯错后屡教不改的原因。他根本没有从内心里认识到自己的错误，他的良知并没有被唤醒。这也充分说明，好的教育应该是远离惩罚的。

所以，老师在教育出现问题的学生时，要采取私下谈话的方式。我想，在被老师叫去谈话时，每个学生的内心都会非常局促不安，因而老师要善于从学生的表现中，发现其内心的真实想法，在取得学生的信任后，再用适当的方式引领其吐露心声，以达到良好的沟通和教育效果。其实不论从那些善于做学生工作的老师身上，还是从自己的教学经历中，我们都会发现，在教育学生时良好的沟通远比粗暴说教效果要好很多：老师那些温暖的话语，往往能直达学生的内心深处，在学生心中引起很强的震撼，能让学生更清楚地认识到自己的错误；反之，那些责骂与批评，在这一过程中，师生间根本没有形成真正的交流，如何能在学生心里掀起涟漪，如何能让老师取得学生的信任？所以所谓的教育也并未真正发生。一位教育专家曾这样说过，一个好老师很贵，但一个坏老师更贵，因为他的一次错误举动，有可能会影响一个学生的一生，这种代价更大。

其次，在引导学生自我管理时，首先要让学生明白，人总是生活在集体之中的，我们的行为无时无刻不在别人的注视之中，甚至有些言行留下的痕迹会带来非常大的影响，从这个角度来引领他们时刻注意自己的一言一行，为完善自我管理做好铺垫。在教育中，要让学生明白，自己只是那么多平凡人中的一员，不要自以为了不起，要别人认为你了不起才行；要引导学生勇于找到自身的不足，做一个敢于正视自己的人，这样他们才能获得迅速成长。当然，我们还要教育学生，当发现自己身上有不好的习惯时，要有革除它的决心；在看到别人身上有不好的习惯时，要进行自查，有则改之无则加勉。

因此，想让学生做好自我管理，我们千万不能忘了集体与外部力量的影响作用。特别是在进行班级管理时，要充分利用一切条件，比如通过举办班会、各种集体活动，以及树立优秀典型等来促进学生互相影响，共同进步，并构建出一个健康有序的集体秩序，以加速学生形成良好的自我管理局面。

除了上面说的几点外，劳动也是一种非常锻炼人自我管理能力的方式。我们要相信，集体教育力量的源泉，首先存在于集体劳动过程中。[11]在人类的生活中，劳动一直有着非常重要的地位：首先，它是人区别于动物的显著标志之一。如果没了劳动，人的某些能力也会退化。其次，劳动能让学生明白一粥一饭来之不易，更懂得节约，更懂得感恩为自己付出辛劳的父母。还有，劳动也是需要智慧的，在劳动的过程中，能充分调动孩子们的主观能动性，让他们不仅动手，还要动脑，很好地提升他们的自我管理能力。最后，劳动还能使一个人逐渐变得成熟，在这一过程中，孩子不知不觉就学会用更加成熟的方式处理问题了，从而也就实现了对自我的有效管理。

另外，学校是学生学习的主阵地，因而在对孩子进行劳动教育时，主要场合应该是家庭，对于低年级的孩子，可先从自己力所能及的，

---

[11] 苏霍姆林斯基：《给教师的建议》，长江文艺出版社，2021年版，第198页。

比如穿衣、扫地、帮忙摆碗筷等小事做起；大一点的孩子，可以学着做饭、洗衣服等；有条件的家庭，则可以带领孩子去农家乐，体验真正的劳动。我们学校在这方面，一直做着很多事情。

一次研学活动

2020年11月25至27日，东莞外国语学校六年级的同学们开展了为期三天的"劳力劳心，亦知亦行"秋季研学课程。

亲近自然，生活即是教育。"田家少闲月，数月人倍忙。夜来南风起，小麦覆陇黄。"学农耕，知农辛，懂感恩，惜粮食。此次研学，六年级的孩子们不仅亲身感受到了乡村田园的乐趣，切身体验了农耕的辛苦，每一粒粮食的来之不易，同时，这种沉浸式体验的研学方式，也让大家切身感受到了现代科技给农业带来的翻天覆地的变化。

知难行易，先知先行。研学前，为了让学生更加充分地了解研学的主题和内涵。研学导师通过对课程的讲解，引发大家对"务农"的思考米饭是怎么来的呢？没有电，我们该如何在户外解决吃饭问题？为什么水稻会喜欢泡在水里？一株玉米上为什么会有不同颜色的玉米粒……

一粒米的故事

"相随饷田去，丁壮在田冈"。一系列的农耕活动，为研学旅行注入了持久的生命力。学生们带着问题出发，走进充满乡土气息的田间，亲身体验农业劳作，才真正明白了白居易《观刈麦》这首诗所表达的深刻内涵。

"足蒸暑土气，背灼炎天光，力尽不知热，但惜夏日长。"在我国，农耕文明源远流长，但在高速发展的信息化时代，劳作意识在学生的脑海中却又有些许陌生。所以，劳作不仅能够培养同学间的合作意识，还能锻炼学生的动手能力、丰富其认知。从没有摸过镰刀，到割下人生第一丛稻穗，到打出一粒粒稻谷；从面对土地无从下手，到清除野草并播种玉米；从畏首畏尾到驾轻就熟地抓获白鹅……孩子们在躬行务农的实践中，亲身感悟"粒粒皆辛苦"的农耕文化，萌生出对大地、种子和生命的全新情感认识。诚然，身体力行才真正是获得真切体验的最佳方式。

生物探寻

　　时间刚好，阳光正好，坐在田间，聆听美好。生物学博士从玉米地的诺贝尔奖开始，为大家讲起了玉米和水稻的相关知识，并不断深入，讲解了种子的生长过程，原来一颗小小的米粒背后，也饱含着如此深厚的知识。

厨王争霸

　　今我何功德？不曾下厨房。同学们虽然熟知了校内烹饪的课程，却不知户外野炊的魅力。为了让大家走进生活、了解生活、学会生活，此次研学特地加入了厨王争霸赛这一环节。在这里，学生们可以大展身手，各司其职，刷锅、切菜、剁肉、拾柴、生火……忙得不亦乐乎。当啤酒鸭、水煮牛肉、柠檬鸡爪等佳肴被一并送到评委面前时，大家不由得喜笑颜开，劳动的喜悦和成就感瞬间溢于言表。

　　这项活动不仅考验同学们是否掌握了日常生活、野外生存的技能，更培养了学生们良好的生活习惯，以及提高了他们适应和挑战自然的能力。

米文化的世界

给我一粒大米,我去丈量世界。走进"米饭探知馆",学生们更加直观、全面地了解了大米的种植、采购、生产等环节。探知馆中陈列着打谷机、鼓风机等旧时代的农耕工具,学生们在亦知亦行中,了解到传统农耕与现代农耕的区别,同时也加深了对"科技兴则民族兴,科技强则国家强"的信念。

现代技术

高新技术产业的发展,远远超过了人们的想象。来到大米生产车间,同学们透过玻璃墙,可以发现偌大的生产线,却只有寥寥无几的工作人员。随后,导师给同学们详细讲解了自动化生产线的相关流程,大家瞬间明白了原来这是人工智能在食品行业当中的实际运用。

高新技术产业的发展,已经涉及包括人们的饮食在内的很多领域。来到创意厨房,导师为学生们演示了寿司制作的步骤,并强调只有优质的大米才能做出美味的寿司,这自然难不倒拥有智慧的大脑和灵巧的双手的同学们。大家迫不及待地开始做起了美味寿司。一双双小手小心翼翼地在紫菜上面铺平蒸好的米饭,仔细地包上馅料。整个过程,同学们都特别专注,生怕自己一个不小心,就浪费了一粒米。

莞味流长

"夫礼之初,始诸饮食"。东莞,一个以"世界工厂"而闻名世界的城市,有着深厚的文化底蕴;作为广东省的历史文化名城、岭南古邑,同时又有着独特的食品文化。

进入鑫源食品文化博物馆后,同学们开启了对当地民俗文化与美食的探索之旅。通过图片文字、实物模型,大家近距离、深入地了解东莞厚街的历史文化和今昔的食品生产工艺。

田园风光正在挥别，落日余晖待你而归。三天充实的研学接近尾声。此次研学，六年级的学生们在劳力劳心，亦知亦行中，从思想上认识到劳动的意义，从情感上获得了合作分享的快乐，从能力上实现了质的跨越。当逐渐远去的"农事知识"重新回归到孩子们的脑海中时，劳育之根也必定能在文化传承中得以坚守。

秋日的黄金世界见证了劳动的喜悦。有人说，践行只需要一颗安静的心和行走的双脚，因为在践行中我们会不停地遇见，不停地思考，不停地更新着自己的记忆。此后，在我们的记忆中，又有了一个更为广阔的世界。

以劳增智、以劳强体、以劳育美、以劳树德、以劳塑魂，理应是我们发展教育时必须坚守的信仰。

在引领学生进行自我管理的过程中，学校以及老师的态度，对学生形成良好的自我管理也是非常重要的。就比如我，1993年时就做了年级组长，但还是骑单车上下班的。我家就在离幼儿园大概两三公里以外我夫人单位的宿舍里，当时我儿子已经在东莞一中旁边的机关幼儿园上学了。幼儿园要求家长早上八点把孩子送到，但是我们学校的早读在六点四十五或者七点进行，这两者在时间上就有些冲突。我是这样解决的：我一般都是先骑单车去看班级的情况，之后再骑车回去把孩子带到幼儿园。这样做的最大的好处就是，每天早上我都要来回骑行两次，也就锻炼了两次；不好的地方是，我每天都很忙，像个陀螺一样不停地转。我认为自己既然做了年级组长，就要以身作则担负起监管责任。想想看，这种情况像不像母鸡护小鸡？这种时刻盯着孩子的方式是否可取呢？那时我心里就有了这样的疑问，相信不少人对此也深有同感：这样做一方面造成了教育资源的浪费，大家用盯着孩子的时间，去研究教学方法、管理方法不行吗？另一方面，这样做会让老师非常疲惫，如果用这些时间让他们多休息一下，我想对老师的精神与身体状况会大有好处。而老师状态好了，最大的受益者就是学生。当然，在提倡素质教育的今天，很多学校的做法已经改变了不少。比如我们学校只是建议班主任来看看，主要负责督导的还是早读的老师。

如果我们积极引导学生进行自我管理，养成自主管理的习惯，不要总是依赖老师的监管后，原来在学校管理方面的弊端将会大大减少，甚至有可能消失不见。如果学生的自我管理能力提升了，不仅对老师，对学校和学生本身也都是有利的。所以，我们还有什么理由不朝着这方面努力探索、寻找突破呢？

用正向鼓励助力孩子成长

在我们这一代人的成长过程中,那些老教师的敬业精神,对待学生的态度,以及他们看待这个世界的方式等,对当时年轻的我们,影响还是非常大的。

他们带给我们的影响,可能与父母、邻里或者其他人不同,主要以工作方面的居多,属于一个人成长路上的助力。简单来说,他们就是我们遇到的贵人。直到现在,那些以前与他们之间发生的点点滴滴,仍然不时浮现在我脑海里,它们很宝贵,让我一直记忆犹新,并依然在引领我不断成长。

我成长路上遇到的那批老师,大部分都是我们东莞二十世纪八九十年代教育发展的中坚力量。他们淡泊名利,一心扑在孩子身上,最大的兴趣就是工作。他们所经历的时代,真的可以用"跌宕起伏"这四个字来形容,而且他们每个人大都经历过很多坎坷,但好像又对很多事情不是很在乎。

他们带给我的影响无处不在,这也让我汲取了丰富的精神营养,然后慢慢变得越来越有责任感,目标也更加清晰,并形成了一些自己的教育理解。我从年轻的时候把工作单纯当成一种工作，到慢慢把工作变成了一种有责任、情怀，他们功不可没。

很多时候我都在想，如果有机会，他们一定能成为某一行业中很厉害的人物。但即便命运的安排有些奇幻，有些艰辛，他们依然活得很精彩——虽然在夹缝中求生存，但也求仁得仁，收获了属于自己的别样人生。

也正是从他们身上，从我自己成长的历程中，我深知积极力量对一个人成长的重大作用，因此，无论我身在教学岗位，还是领导岗位，都非常重视利用这种力量，并一直用它来推进教师队伍的优化，以及引领学生朝着好的方向发展。

有句话说，"不想当将军的士兵不是好士兵"，老师也一样，也需要用自我进步的渴望来推动自我成长。

校长管理心得

正向鼓励实施方略：

* 作为学校的管理者，在引领教师发展的过程中，首先要善于发现每个老师的优点，对于他们工作中做得比较好的地方，要及时给予奖励，不放过每一个可以鼓舞老师的机会。

* 学校要建立科学合理的奖励制度。不要小看表扬的力量，它能大大提高老师工作的积极性，让老师能看到别人的长处和自身的不足，并做出及时调整与完善，同时它还有助于良好教学风气的形成。

* 学校可以组织优秀教师定期为广大老师传授经验，但同时要注意，这种帮扶模式不是简单的生搬硬套，而是领悟与融合，只有接受培训的老师把这些优秀思想与自身的实际情况进行融合，形成自己的风格后，才能获得真正的成长。

*学校可定期派出代表到发展较好的兄弟学校中学习，或者请一些教育名家到校来为老师传授经验，通过那些先进理念与凝聚了教育智慧的经验来激励老师成长。

当然，通过正向鼓励引领老师成长的方式还有很多种，这需要我们的学校管理者通过实践不停去发掘。

对于孩子的成长来说，正向鼓励也是一种非常强大的推动力。实际上，在生活中，用打压的方式来教育孩子的父母不在少数，训诫教子更是自古以来留下的传统。家长们这样教育孩子或许有自己的理由，但我却觉得，它远不及正向鼓励对孩子发展所起到的作用大。

不知大家有没有注意到，当我们夸赞孩子的时候，孩子眼睛里是有光的。所以，在教育中我们要学会鼓励孩子，要去保护好这一点光。说不定在我们的保护下得以存续的这一束微弱的光亮，在未来会成为剧烈燃烧的火焰，会温暖孩子的心灵，并照亮孩子迈向成功的每一个步伐。

关于正向鼓励对于孩子成长的巨大作用，在泰国的一则公益广告里得到了很好的体现，这则广告讲的是一对母女种豆芽的故事。

女孩看到市场上买豆芽的人很多，就问母亲自己可否在家里种出一些豆芽来卖，她的母亲非常愉快地说："哦，那咱们就试试吧。"

然后，她们两个人高高兴兴地准备好了所有种豆芽要用的工具，并小心翼翼地把豆子播种在土里。但等了好几天，豆芽却没有像她们期待的那样长出来，她们的首次体验以失败告终了。女孩脸上满是失望，这时母亲却微笑着给她加油："没什么大不了的，我们还能接着尝试。"

这位母亲只上到了四年级，认不了几个字，但此时为了女儿，她却重新拿起书本，和孩子一起寻找种植豆芽的科学方法。然后，她们又经历了几次失败，每当女儿灰心丧气时，母亲总是会鼓励她："我们还可以继续尝试。"她们从一次次失败中总结出：豆芽必须在背阴的地方，豆芽必须早晚按时浇水，而且洒水必须均匀……于是她们用布将豆芽遮住，在塑料罐上面扎出均匀的小孔，模拟下雨的状态……

有一天，她们终于看到豆芽健健康康地成长了起来，然后母亲看着一脸兴奋的女儿问："你想尝试种别的吗？"女孩立刻信心百倍地说："我们可以尝试一下！"

据说，这则广告源于一个真实的故事，那个女孩在母亲持续的鼓舞下，不断向知识的新领域探索，后来还获得了博士学位，以及国外一个研究项目的奖学金，目前正在瑞典做科研。

在这则广告的最后，呈现了这些字——"家庭教育引发无限学习动力"。我认为这也正是家长正向鼓励结出的累累硕果。家长如果一直都坚持做孩子坚强的后盾，用正向鼓励给孩子带来充分的安全感，让孩子无论最后面对怎样的困难，都有永不言败的信心，这孩子就能以更坚定的信念，一心一意地去追逐心中的梦想。

广告中的母亲在孩子尝试失败后，说的每一句鼓励的话，都像拥有神奇魔力的养料，滋养着孩子探求知识的好奇心，是它让孩子的知识宝库越来越丰富。

我想假如这位母亲在女儿提出要种豆芽的时候，嘲笑她异想天开；在孩子一次又一次失败之后，跟她说："看看，就知道你做不好！"这个孩子可能不会变得这么自信乐观、富有探索精神，更不可能在学业和事业上取得这么好的成绩，人生或许就会是另一种模样。因此，正向鼓励才是家长在教育孩子时要秉持的一个重要的方法。那么，在生活中，我们该怎样正向鼓励孩子呢？

第一，在鼓励时要说细节。实际生活中，在孩子自己整理房间，或者帮老师分发物品时，父母或老师如果说表扬的话，可能只是说一句："你真棒，真是个好孩子。"其实，我们在鼓励孩子时，更应该夸一下孩子做得到底好在哪里？整理房间是地板拖得干净，还是衣服叠得很整齐，又或者是书桌整理得好？分发作业是没有遗漏，还是轻拿轻放，又或者是非常有礼貌地递给每位同学？在鼓励孩子的时候，只有父母和老师说出具体的细节，才能让孩子非常明确自己究竟哪里做得好了，今后他才会在这个基础上继续努力。

第二，父母与老师要多鼓励孩子的优秀品质。孩子做过的事情有很多，但未必知道自己做的这件事属于哪种优秀品质，因此需要父母和老师帮助孩子加以明确，比如孩子帮助做家务，就夸孩子热爱劳动；孩子帮老爷爷老奶奶拎东西，就夸他乐于助人；孩子为了班里的图书角捐出了自己喜欢的图书，就夸他关心集体、大公无私等，这样能更好地帮助孩子加深对不同品质的认识与了解，同时也让孩子有了比较清晰的努力方向。

第三，父母和老师都要注意的是，鼓励千万不能滥用。在对孩子进行教育的时候，我们不能因为鼓励的效果好就大用特用，因为做任何事情都需要有个度，否则就很难达到我们的预期效果，鼓励也一样，不能事事用、时时用。如果孩子只是做了一件非常平常普通的事情，父母或老师就不能为了鼓励而鼓励，这有可能会让孩子产生疑虑，我真有那么好吗？

鼓励一个人说起来容易，做起来可不简单，因此，无论针对一个单位的员工管理，还是针对孩子的教育，我们在实施正向鼓励这一方式时，都要讲究技巧，要让被鼓励的人感觉到你的鼓励是发自内心的，这样才能真正激励一个人成长。习惯性的、敷衍的表扬方式，不仅起不到好的效果，相反还会产生一些负面影响，从而无法真正为个人的成长助力。

培养"眼界高远,适应未来"的人才

从过去到现在,针对教育究竟应该培养什么样的人才的讨论,一直都没有停歇过。

那么,就我国目前发展的现状而言,我们的教育又应该培养出什么样的人才呢?很多有识之士认为,我国的教育要明确目标,更新观念,高瞻远瞩,着眼于未来。

基于这种理念,培养眼界高远,面向未来的人才,正是现在学校教育要做的主要工作。我们要培养适应新时期发展的人才——热爱生活、身心健康、人格高尚、善于学习、富有创新力、思辨力等。我觉得创新与思辨,以及身心健康是如今我们在教育中顾及较少的,不妨从小的地方做起。比如对于一个学校来说,就可以从学校的办学理念及日常的活动着手,把对学生这些方面的培养作为重点来抓。

我们学校就曾为高三学生举行过"模拟联合国"的活动。活动中,同学们纷纷进行小组合作探究,化身为美国、俄罗斯、中国、亚美尼亚、阿塞拜疆、土耳其等17个国家的外交官,也扮演联合国大使。在会议上,大家讨论阿塞拜疆与亚美尼亚的冲突这一当时的世界热点问题。

会议开始前，同学们就带着各自准备好的国家牌，迈着自信的步伐踏入会场。会议中，"各国代表们"态度严肃认真，在"会议主席"的引导下，大家严格遵守联合国会议的议事规则，或阐述本国观点，或相互质询，或组织核心磋商来争取有利局势，或进行自由磋商合纵连横。"各国代表们"在会上围绕本国利益和诉求唇枪舌剑，针锋相对。经过激烈的讨论后，会议形成了分别以"美国、俄罗斯、中国"为起草国的三份决议草案，并进行投票表决。

据组织这次活动的老师介绍，这次活动举办时，正值高三政治科目复习到《国际社会》的相关章节，此时举行模拟联合国活动，非常有利于学生在实践中进一步把握当前的国际格局、联合国的宗旨，以及作用、影响国际关系的因素、中国的外交政策等相关知识点，同时对于培养同学们的逻辑思维能力、语言组织能力、演讲辩论能力、协调能力和写作能力等均有较好的作用。

其实不仅是举行活动，在平常的教育中，我们也要注意对学生在如何客观科学分析预处理问题方面的引导。

首先，我们要教育孩子，在分析与看待一些问题的时候，要有一种客观与理性的态度。不知大家有没有发现，一旦谈到那些关乎外国的看法之类的问题时，很多民众都持着一种非此即彼、非友即敌的观念，两极分化非常严重，不能客观理性地进行分析。

比如对于新加坡这个国家，如果大家看过李光耀的自传，或许对他这个人，以及新加坡这个国家的看法就会有所改观。他本人真的是一个伟大的政治家，个人能力很强，也很睿智，更是一个世界上杰出的政治平衡大师。

以前没有去新加坡培训的时候，我并不知道原来新加坡的某些行业在全球是处于顶尖地位的，比如新加坡的石油加工在世界上排名第二，金融业在世界里面排行第四，港口的货运量在世界上也是数一数二的——连新加坡的樟宜机场也连续很多年被评为世界最佳机场。

在和一位当地校长聊天后，我更了解这个国家，并佩服他们领导者的治国方略。不讲其他的，新加坡虽然只是个小国，却和全球200多个国家的外交关系都处得很好，其中的艰难不言而喻，这得需要有多么智慧的头脑！

新加坡教育培养精准人才的情况也相当不错。新加坡每年的出生人口大概是2万人，他们需要在这些人中培养出精英人才。其实这种教育模式在很多年前就被其他国家诟病了，原因是大家普遍认为这种模式太过强硬了。比如，新加坡的学生在小学四、六年级就会面临大型的全国性的考试，这个考试是为了区分学生在升入中学的时候，是朝着普通中学的方向走，还是朝着职业教育院校的方向走。然后从中学阶段，他们就开始培养精英，会为一些天才学生定做个性化的培养方案，并且每年都会在应届高中毕业生里面评选出6位获得总统奖的学生。当然，这6位毕业生必须是德智体美劳全面发展，在各方面都表现特别突出的人。而且这些学生一定要满足两个条件：第一，他们要同意被送到国外顶尖大学去深造；第二，他们要和政府签订协议，因为他们所有的生活费、学费、交通费全部是政府给的。当时我很疑惑，因为新加坡的国立大学、南洋理工大学也都挺好的，为什么不干脆把这些学生留在本国上学呢？于是我就问了一下他们国家教育学院的教授，然后这位教授说："因为我们不想禁锢这些孩子的学习范围，导致他们的视野限于新加坡这个小地方。他们有国际化的视野，才能在下一步的建设中始终保持我们国家的国际化。"我想，只有睿智、格局大、眼界宽的人才能有如此魄力。而这种观念又会影响一个国家，以及这个国家所有人的眼界与胸怀。

其次，我觉得无论是做教育，还是做其他的思想工作，要有成效，靠的是"打动"而不是"灌输"。我们应该想得更长远一点，现在让有条件的大学生去国外条件更好的大学去读书，以后再回来建设国家不也是挺好的吗？事实上爱国并不是要闭关自守，做井底之蛙，而是要有一种开放的思想与长远的眼光。所谓的强大并不是你自认为强大自己就是强大的；你说自己好，自己就是好的。任何人都有独立思考的能力，你是否强大，别人并不会因为你的某些言论就去判定。我特别支持那些学生能够出去学好本领以后，再回来报效国家，千万不能因为某些狭隘观念的影响而阻碍了他们出去开阔视野、增长见识的步伐。

第三，作为教育工作者，我们要不时把生活中遇到的事情与教育关联起来，加强学生对正确观念的认知。比如最近这几年，我心里不时产生这样的想法：我们是否可以向日本多学习呢？除去政治方面的因素，其实，日本在教育、民族文化的建设、民族文化保护等很多方面做得都还是挺不错的。

对于其他国家的一些合理的、先进的、有益于个人和社会发展的先进理念，我们还是要批判地借鉴的。当然，我们要谨记，虽然我们强调要教育孩子用批判与发展的眼光看待问题，但从道德层面上来讲，爱国情怀永远应该是排在第一位的——我们只是希望孩子用理智的眼光去看待世界，希望他们在看待世界时，能够客观公正，能够胸怀远大，能够包容不同文化之间的差异。

第四，在教育时，我们要注重培养学生的思辨精神。有时候，多学、多看、多思考好处很多，它能够提升我们对某些信息的辨别能力，帮助我们在需要对一件事情进行判断的时候，能够分析出其中的利弊，并做出一些有利于自己成长的正确选择。

第五，在教育里面，我们从小就要引导孩子做一个全面发展、充满理智、眼界高远的人。当然，我们首先也要努力让自己成为这样的人，试想如果大人就时常话语偏激，做事不理性，肯定会影响孩子思考问题的方式，及对世界的看法，进而让他们变得心胸狭隘，目光短浅。

在生活中，我就一直保持着这样的习惯：喜欢看新闻，不管是经济、科技、体育还是娱乐新闻，我都喜欢看。我觉得这样会丰富我对世界的认知以及对教育的思考，特别是有时候在和孩子分享一些东西的时候，就能很容易找到一个让孩子觉得很有趣的素材。

向阳而生——孩子心理健康的重要性

在孩子的教育中,不少人往往只看到了表面的东西,比如成绩或习惯等,而忽视了孩子的心理健康问题。其实,对于一个孩子的成长来说,其心理健康与否,不仅关乎孩子当下的学习好坏,更关乎孩子未来长远的发展。

随着一场突如其来席卷全球的新冠肺炎疫情,一些严重的问题渐渐暴露出来,其中就包括心理健康问题。有时它不仅影响一个人的生命健康,更会严重影响一个人的心理情绪。特别对于自控能力差的孩子来说,其心理健康问题,更应该引起社会、学校及家庭的重视。

在东莞疫情被有效控制之际,我们学校邀请莞香花青少年服务中心的社工们,一起为全体初一学生开展"向阳而生,友你真好"心理拓展活动,以便让刚刚走进青春期,朝气蓬勃又带着"明媚忧伤"的初一学生们在成长中收获友情、收获力量。活动设计了很多适合孩子的、趣味性很强的游戏内容:

一、杯子舞游戏

生活中处处充满着音乐，50双手，50个杯子，杯子随着节拍在空中灵动曼舞，飘落时掷地有声，令人叹为观止。50个杯子，50个乐器，一开始，个人随意独奏，杂乱无章，社工姐姐引导50位同学思考"协作过程中发生了什么问题？要如何解决？"同学们分组沟通，相互指导，找到规律后，再次迎接挑战。这次，50位同学全神贯注，在手、眼、脑的协调配合下，最终呈现出一曲气势磅礴、刚柔并济的"杯子舞"乐章。原来，"我"到"我们"的转变，就是"噪音"到"艺术"的蜕变，也是一次心与心相通的体验。

二、毕加索的画

以7个人为一个小组，每个小组有一个眼罩，一支马克笔，一张白纸。一个人负责蒙眼画画，其他成员负责讨论如何协助蒙眼的同学，但是在协助过程中其他同学不能动手，只能指导。这时候，A同学说："你在左边画一个圆"；B同学说："你在右上角画一条花"；C同学："你在中间画两个人手牵手散步"……执笔的人一脸迷茫，听了很多意见，却无从下笔。这时，指导老师说："我们是不是应该把意见集中起来，让当中表达能力最强的那位同学来向执笔的同学传达清晰的指示，让其完成一个图案后，再着手另一个图案。"最后，任务终于圆满完成。通过这个简单的游戏，同学们得到了三个有效沟通的锦囊：学会甄选建议，不全盘否定也不全盘采纳；仔细聆听，并给予回馈；在阐述自己的观点时，说明理由。

三、小小姜饼人

善良可爱的姜饼人，经常侧着脑袋思考关于自己和他人的问题：

我有什么利于人际交往的优点？在人与人的相处中，我自身存在着哪些不足？我欣赏的同学有什么闪光点？我希望同学改进的行为是什么？面对人际冲突，我会怎么做？像姜饼人一样，我们的同学也认真地追问自己的内心，思索着"自我"与"他人"关系，慢慢发现自己的优点，同时承认自己的不足；学会欣赏别人也接纳对方的不完美。面对人际冲突，社工姐姐也给出了四点建议：给情绪降温；对事不对人；做合理的退让；及时协调与沟通。

四、情景表演

在小组长抽取到剧本后，我们的小演员就纷纷为自己争取角色，然后开始琢磨自己的台词，分析角色的特征，反复排练。走上讲台后，大家迅速"入戏"，不屑的眼神，敷衍的语气，恼羞成怒的表情，以及在极大的情绪支配下，身体语言对"反抗"的表达，一切表演都活灵活现，台下的观众都拍手叫好。但是看着看着，大家感觉这些场景和对话是如此地似曾相识。这种通过把平时同学们之间"无意识"的沟通对话变成"刻意"表演的形式，无异于像用了10倍的放大镜一般，让大家从中也看到了自己，看到了那个像是小刺猬，总是不小心刺伤了别人的自己。一切改变从"看见"开始，无论是"演员"还是观众，都慢慢开始审视自己的行为习惯与沟通方式，并谦虚认真地学习老师授予的"人际交往"方法。

同时，为了进一步提高初一学生的人际交往沟通能力，我们学校还特地请了心理老师为同学们开设"好好说话，化解矛盾"人际关系心理健康专题讲座。为了让讲座更有针对性，我们还特意分了男生和女生两个专场，由老师结合男女生的不同特点来展开课程，更贴近同学们的实际生活。

在男生专场，老师通过按摩游戏，让同学们亲身体验了人际冲突会引起不愉快的情绪，甚至会造成双方关系的破裂。接下来，老师又提到，其实人际冲突的发生也有积极的意义，只要同学们处理妥当，人际冲突就能激发人的潜能，促进竞争，还能凸显问题的症结，为寻找解决途径提供便利。

在女生专场，老师通过情景扮演，让同学们体验不同的冲突解决形式。随后小结了四种解决冲突的类型：被动型、攻击型、被动攻击型和坚定型，其中坚定型才能够在真正意义上化解冲突。

随后，两位心理老师幽默而生动地介绍了"DEAR MAN"七步沟通法，教给同学们好好说话的技巧，学会化解矛盾。最后，让同学们把学到的沟通技巧融入实际生活中，以创作三格漫画的形式呈现出来。

老师运用多种教学方式与学生互动，因此很多学生在听完讲座后获益良多，对人际交往等现实问题也有了新的思考。而这次心理讲座，达到了提高学生心理健康素质，帮助学生提高人际交往能力，建立和谐人际关系，引导学生以乐观、积极的心态对待学习和生活，使学生在良好的环境中快乐成长的效果。

据说，哈佛大学曾进行过一项长达75年的跟踪研究，在跟踪研究了724人以后，研究人员发现，生活幸福的人有一个共同点——拥有良好的人际关系。

诚然，好的人际关系可以使我们更快乐，更健康。但人际交往，人与人相处的能力是一门需要非常多技巧与经验的学问，正如传授学科知识一样，作为教育工作者，我们也要教会学生找到一种让自己，让他人都满意的互动方式，并陪同他们努力学习成长，建立和谐的人际关系，一起向阳而生，循梦而行。

让书香氤氲成长

读书不仅有利于拓宽视野、增长知识，也有利于修炼孩子的品性，提升其思维能力、学习力，让孩子成长得更健康，因此，引领孩子正确阅读，也是每个教育工作者必做的工作之一。为此，我们学校老师针对如何促进孩子更好地掌握阅读技巧，更快培养起孩子爱阅读的好习惯等，进行了一系列有益的探索。

一、童心：同享绘本

绘本，对低年级孩子是最有吸引力的。为了让孩子们爱读绘本，读好绘本，一年级的语文老师精挑细选，推出15种不同系列的绘本。所有绘本老师都要先读，抽取其中的阅读点，设计学习单，再引导孩子通过"写一写""画一画""说一说"等方式把阅读体验具象化，一切都充满童真、童趣、童心。

一年级孩子识字量有限，要完成整本绘本阅读，自然离不开父母的引导。这样的亲子阅读，亲子互动，其每一帧画面，都能让我们感受到亲子共读中那份浓浓的爱。

二、童"话"：邂逅美好

二年级的孩子共读《神笔马良》《七色花》《一起长大的玩具》《愿望的实现》，故事中的儿童性格迥异，生活经历也各不相同，对孩子们充满了吸引力。老师精心设计的微课，拉近了大家的距离，孩子们与儿童故事相遇，在阅读中，感受美好，表达美好。

三、童"声"：精彩回响

三年级老师用寓言哲理等书籍，来唤醒学生对阅读的渴望，叩醒学生的心灵。孩子们津津有味地享受着诵读"经典寓言"的美妙，变身小小寓言家，不时与大家分享自己的朗读故事，学生共同阅读的氛围越来越浓。老师还组织同学们进行"寓言故事竞猜"活动，师生互动、在线抢答，学生跃跃欲试，老师助威点赞，期间溢满欢笑，让共读变得妙趣横生。其实，精彩不只这些，还有阅读给大家留下的心灵回响。

四、童"学"：思维翱翔

四年级的学生，正处于思维能力发展敏感期，他们的思维也变得越来越敏捷，越来越灵活，因此，科普书籍《十万个为什么》就是绝佳的共读选择。老师引导学生运用简单有效的"三步阅读法"：一步读观目录，理纲要，二步寻问题，巧提炼，三步细总结，共分享。这样的阅读法，既能满足学生思维任意翱翔的快感，又能让他们享受共读的乐趣。

如此一来，学生的阅读兴致高涨，他们继续阅读《看看我们的地球》《灰尘的旅行》《细菌世界历险记》《爷爷的爷爷哪里来》等科普书籍，思维也继续飞……

五、童"游":重温经典

读四百年西游经典,品五百年沧海桑田。五年级师生一起重温经典,共读原著《西游记》。

五年级师生共同制定了阅读规划,《西游记》共有一百回,每日读三回,每周完成一次相关章节阅读单。读前,指导老师给孩子们深入浅出地讲解了阅读方法,进而引导他们在阅读过程中注重积累与概括,善于质疑、关注细节。历经一个多月的时间,孩子们完成了第一轮初读。

而第二轮阅读侧重整体认知,每周推出一个问题,例如:五师徒的前世今生、西行路线图等,学生围绕问题,统揽全书,最后用思维导图呈现阅读成果。师生共读,开启阅读新思路。

六、童"伴":渐行渐宽

六年级立足于"让学生成为积极主动的阅读者、思考者和学习者",老师以"走进外国文学名著"为主题,开展整本书阅读。《鲁滨孙漂流记》《汤姆·索亚历险记》《骑鹅旅行记》《爱丽丝漫游奇境》等经典的外国文学名著纷纷走进孩子们,他们的视野因阅读而开阔。

在阅读后的交流中,孩子们有的说:"以前我只会关注情节好不好看,现在我会对书里的人物做出自己的评价。如今在我眼里,汤姆·索亚是一个热爱自由、喜欢冒险的孩子,同时他又很有趣,还有点儿虚荣心。从小说中的很多地方都能看出他的这些特点。"有的说:"《鲁滨孙漂流记》让我看到了一个人如何在绝境中变成自己的国王,一座荒岛变成微型的文明社会。二十八年,鲁滨孙凭借自己勇往直前的精神和辛勤的劳动,成就了一段传奇。"还有的说:"有些名著读起来不像流行读物那样通俗易懂，但想到能成为经典，一定不简单，在老师的指导下沉下心来读，越读越有味。"孩子们的变化让老师惊喜，也呈现出整本书阅读活动开展的初衷：让孩子成为一个有温度、有思考的读书人，未来的路，渐行渐宽。

除了这些老师平时精心设计的阅读活动，为提高孩子们的阅读兴趣，帮助他们培养良好的阅读习惯，我们学校每年都会举办读书节活动，以便让孩子们与经典同行，打好人生底色；与名著为伴，塑造美好心灵。

以 2020 年的读书节为例，和往年不同，少了一些热火朝天的场面，多了一些静读勤思的思想火花。

每个人对自己的人生追求或多或少都有了新的认知，根据这个主题，我们选出了《追风筝的人》这本书作为这次读书节的必读书。这是美籍阿富汗作家卡勒德·胡赛尼（Khaled Hosseini）的第一部长篇小说，是 2005 年美国排名第三的畅销书。全书围绕阿富汗的两个少年与风筝之间的故事展开，两个少年一个是富家子弟，一个是其家中仆人，他们之间因为风筝产生了人性的背叛与救赎。

这次读书分享活动以班级宿舍为单位，每个班级 8 个小组，利用课余时间进行阅读、分享、讨论，最后由同学们各自绘制一张思维导图来展示自己的读书成果。

"读书欲静不欲博，用心欲专不欲杂"，随着阅读活动井然有序地展开，近一个月的时间里，同学们通过查资料、集体讨论等方式，对这本书有了更多深入的思考，并收获不少：

301 宿舍的孩子们从"作者信息""作品主题""作品评价""故事人物""经典语录"五个方面的阅读思考并进行总结，层次分明、逻辑清晰，完美地呈现了书籍内容。

105宿舍的孩子们则围绕主要故事情节展开思维导图，将"阿米尔"的一生分成"父亲"和"哈桑"两条线索交叉回溯，再配上和谐的色彩，布局合理，主题突出。

101宿舍的孩子们根据书籍的章节来绘制思维导图，分为"我与哈桑结识""我的爸爸""风筝比赛""无脸面对哈桑""在美国的生活""哈桑重回故里""寻找索拉博"等几个主要的分支，在主要分支的下面再进行溯源。关键词提取精准，分类标准统一，内容充实而有序。

208宿舍的孩子们则更为特别，他们采用了思维导图软件进行电脑绘制，画面整洁美观，实用性和美感和谐统一。

读书分享活动只是阶段性的，但好书会伴我们终身，带给我们永远的精神营养。借用其中一个孩子的读书心得——"《追风筝的人》故事的最后，阿米尔为索拉博追着风筝。那风筝究竟是什么？到底谁才是追风筝的人？这两个问题一直伴随我到最后。而读到结尾，我的眼泪瞬间夺眶而出。我知道，这问题阿米尔已经明白了，我也已经明白了。"

生命就是那一片天空，或鲜红或湛蓝。望着远方的风筝，我们追寻仰望，在追风筝的路途中，我们也在不断成就自我、诠释世界。这途中有沟壑，有山坡；有彷徨，有疲乏。可是，没有人会停下前进的脚步，因为，我们都是追风筝的人。

在当时疫情肆虐的背景下，这个读书日显得与众不同。一直以来，与书结缘都被视为生命中最美的相遇，疫情时的居家生活，更能让人们感受到阅读的意义。

因为书的相伴，很多人摆脱了烦躁，忘却了忧伤；因为书的鼓励，很多人走过了艰难，抛弃了绝望；因为书的教诲，很多人坚定了信心，变得更坚强，因此也变得更优秀。所以，在学生的成长中，帮助其培养良好的阅读习惯也是一项非常重要的工作。

第四章

建构『博雅立人』的育人格局

第四章

数的「排列之人」的食入排鳥

夫仁者，己欲立而立人，己欲达而达人。能近取譬，可谓仁之方也已。

——《论语》

精神的浩瀚，想象的活跃，心灵的勤奋，就是天才。

——法国启蒙思想家 狄德罗

在经历了近十年的校长生涯后，创办东莞外国语学校，是我做的最重大的人生选择，也是为职业生涯画上完美句号的选择。那些从萌芽到枝繁叶茂的教育理念，那些从学习内化再到创新发展的管理策略，那些对育人目的和方式不断提升的教育观点，那些对一所美好学校进行顶层设计并逐步完成宏图的想法，都将在这所学校一一实现。

从学校发展理念来讲，我毫不犹豫坚守"博雅教育"。这其实是一个通用概念，用以指称培养通才的教育方法，全球诸多中小学和高等院校都在使用。东莞外国语学校创办伊始，就把办学初衷定位为"博雅教育"，以期通过博雅教育的文理兼容、会通中西、社会能力与艺术能力并长等思想，使学生能够适应未来的通才教育。

在建校后的发展中，东莞外国语学校将原有的博雅教育行动升华为"博雅立人"，从"人"的角度对学校的教育工作积淀的美誉度做出了全面的提炼和总结。"博雅立人"回答了人在教育生活中如何在场、如何觉醒、如何成就自己、向何方成长等问题，为学校的教育学理论建制提供了初步的哲学依据。同时，学校一以贯之地履行"高质量、有特色、现代化、国际化"办学目标，"以人为本、面向世界、突出特长、追求卓越"的理念，达到培养具有"民族根基、国际视野、多元融合、全面发展"的适应国际竞争的复合型预备人才的目标。

我们学校自建校以来，无论是在学校管理及文化建设方面，还是在师资队伍打造和学生培养方面，抑或课程研究、师生评价方面，无不围绕着我们的立人目标展开，真正让理念和行动交融联动，互相促进，取得了让人欣慰的成绩。

东西方文化中的博雅立人理念探究

东莞外国语学校"博雅立人"的观念，是结合中西方教育思想，并结合当代育人需求而提出的，它育人指向的科学合理性，以及历史发展的必须性，都是有迹可循、有理可依的。

首先谈谈博雅教育。如果深入研究中西方教育历史，我们可以洞悉在教育史上，从来没有少过"博雅教育"这一名词。博雅教育又称为通识教育、人文教育、通才教育，在中国，博雅教育即"君子"教育，孔子说"君子不器"，君子的培养不以专门的技能为目的，而是要培养君子的通才，"博学""约礼"，其要旨是培养具有仁爱和高贵品质的博学之才。在古希腊，"博雅"的拉丁文原意是"适合自由人"，所谓的自由人指的是社会及政治上的精英。古希腊倡导博雅教育，其目的也是培养通向思想自由的高贵之人。在现代社会中，博雅教育，被认为是不同于专业教育、专才教育的通才教育。而当代大学教育中，人文和科学都成了博雅教育的重要组成部分，国际一流大学均倡导文理艺术兼修的通才教育。由此可见，博雅教育是一种通行的教育策略，它展现了不同时代社会对通识人才培养的需要。

再来聊聊"立人哲学"。"立人"哲学源于中外经典的教育哲学。东莞外国语学校结合学校的使命和办学定位，将经典的"立人"哲学内化为学校的教育思想。中国儒家以"成人"为立学宗旨，自立心、立身，达于天下，有完整的立人修养论和方法论。古希腊以理性赋予人高贵的品质，相信人的思想可以通达宇宙万物，敞明"理念世界"的永恒性。从文艺复兴到启蒙运动，人文主义和理性主义的思潮高举"发现人""觉醒人"的旗帜，重新赋予人以尊严，激扬人的创造力。

一、"立人"根于儒学的生活论

中国传统哲学面向人的日常活动，聚焦于人的感性生活和人文活动，以及人的此岸人生和社会存在方式，正如《论语》中子贡与孔子谈论何为"立人"：

子贡曰："如有博施于民而能济众，何如？可谓仁乎"，子曰："何事于仁，必也圣乎？尧舜其犹病诸！夫仁者，己欲立而立人，己欲达而达人。能近取譬，可谓仁之方也已。"

"立人"是源于生活的教育智慧，"立人"首先是要教会人如何从容地面对生活，教会人处理我与他人、我与世界的关系；教人在自己的生活世界中做到"能近取譬"，从生活的一事一物做起，成为一个推己及人的仁者；教会人去挖掘、发现和研究生活世界的丰富性，在春夏秋冬、花开花谢、日月经天的"可经验的丰富世界"中生活，它蕴含着深刻的教育哲学：教育在生活中发生，教育回归于生活，教育教会人在生活中独立（立己），教育也教会人在生活中成就他人（立人）。归根结底，"立人"哲学主张培养会生活的人，培养具有中国文化独特存在方式的人。

二、"立人"根于儒学的天道观

赋予人至高的尊严，让人成为文明社会的建构者，使人能够有秩序有尊严地生活，使人能够以饱满的热情欣赏天地的盎然生机，观天地生物气象，这是"立人"哲学的第二层含义。"立人"是儒学立教的首要之事，正如《易传》所说：

> 仰以观天文，俯以察地理，中以建人极。

"仰以观天文，俯以察地理"，即让人屹立于天地之间，热爱美好的世界，欣赏筑造和滋养果实、蕴藏水流和岩石的大地，欣赏日月运行、群星闪烁、白云的飘忽、湛蓝深远的天空，让人爱惜"窗前草""与自家意思一般"[12]，让人拥有与天地同宽、与宇宙同心的生活热情。"中以建人极"，就是在社会关系中"立人"，让人能够从容地行走于社会之间，建构良性的人间秩序，让人成为真正的公民，赋予人社会化的意义。归根结底，"立人"哲学主张培养懂得欣赏世界的人，培养具有中国独特美学思维和美学视角的人，培养良序社会的参与者。

三、"立人"根于儒学的心性论

让生命实现自觉，让人拥有积极、乐观、自信的人生态度和生活热情，让人关照自我内心的发展，从人的"恻隐之心"和"良知良能"出发，发展人的光明澄净心性，这是中国传统儒学心性论的根本指向。周敦颐把成就人的心性这一过程称为"立人极"：

> 唯人也，得其秀而最灵……圣人定之以中正仁义，而主静，立人极焉。（《太极图说》）

人的内心本是灵秀、聪慧的，人是有思想的存在者，人能够策划自己的人生、掌握自己的命运。"立人"意味着这样一种教育哲学：

---

[12] 周敦颐：《太极图说》。

立人就是立心，发现人的"本心"，发掘人的丰富性，发现每一个鲜活个人的闪光点，教育应指向人的自我意识觉醒，让人实现主动、自觉、不假外力地发展，让人对自己的人生充满期待。归根结底，"立人"哲学主张培养自觉的生命，乐观、积极、主动的生命。

四、中国"立人"哲学的最高表达

在中国的母语语境中，"立人"哲学又超越生活指向人的大格局和大境界。中国"立人"哲学的最高表达可以用张载的"四句教"概括：

为天地立心，为生民立命，为往圣继绝学，为万世开太平。

"四句教"表达了中国传统教育对人生格局和境界的至高追求，"为天地立心"，亦即人之心可以宽广达至天地，为天地发扬真理，源于庶物，求索于天地；"为生民立命"，即为美好社会而立人，让人成为更美好社会的建构者；"为往圣继绝学，为万世开太平"，是对中国哲学中"立人"思想的最高表达，界定了中国母语传统对人之所以为人的思维方式。

在现代教育的语境中，"为天地立心，为生民立命，为往圣继绝学，为万世开太平"可以被重新阐释（如下表）：

古代表述	现代阐释	具体内容
为天地立心	立心	爱与善良，热爱生命、热爱生活、热爱天地万物和多彩的世界，有积极、自信的人生态度，探寻世界的意义，让自我生命在天地间繁茂地生长，过好自己的人生。

为生民立命	立身	让人生更富有意义，关注民族和国家的文化传统、未来发展以及共同命运，提升自我的生命品质，成为未来社会的公民和人才，实现人的社会功能。
为往圣继绝学	立学	在人类文明宝库中学习，通过学科学习超越个体经验的局限，探索知识世界中的杰出人物、发展历史、学科精神、研究方法、人类价值、社会贡献、未知领域。
为万世开太平	立志	创造更美好世界的信念，拥有格局高远的追求，改变世界的理想和冲动，为人类增进福祉的使命感，全球视野和人道精神。

总而言之，根于中国母语传统的立人哲学所培养的人，也就是具有中国文化特质的人是这样的：会生活、温润、懂得欣赏天地四时、仁爱、格局高远、有理想信念。

不可忽视的是，西方哲学中也有诸多关于"立人"的研究，归结起来，其所蕴含的"立人"思想，包括以下核心表述：有尊严，人的自我价值被肯定，相信每一个个体都有其独特的价值；自由，人能够掌握自己的命运，在丰富的成长体验中做出自己的选择；理性，人是有思想的存在者，能理性思考人和事；有创造力，怀着澎湃的激情创造更美好的世界。

"博雅"教育策略为实施通才教育奠基

"博雅"通行于古代中国、古代希腊,其要旨是知识的广博和气质的丰雅,其目标是使人精神丰满,其策略是在人类的知识宝库中学习,把所有人类探索世界形成的知识谱系当成人成长的资源,不因为专才的需要而拒斥其他学科。

作为一种教育策略,博雅教育在中西方都有悠久的历史传统。博雅教育与专才教育相对,专才教育旨在训练人某一方面的技能,使之成为专门人才,而博雅教育则强调学生的通识学习,更强调对学生思想和精神的栽培。人类历史中至少有三种形态的博雅教育:中国传统以六经为要旨的通才教育,古希腊以自由人为目的的通才教育,当代大学人文与科学综合发展的通才教育。

一、博雅教育在中国:六经注我,成就生命

中国古代的专才教育往往以工匠师徒相授的方式进行,作为一种人才培养方式在民间通行,而自官学以至书院、私学,都以六经通识教育为主。六经即《诗》《书》《礼》《易》《乐》《春秋》。《礼记》提道：

入其国，其教可知也。其为人也，温柔敦厚，诗教也。疏通知远，书教也。广博易良，乐教也。絜静精微，易教也。恭俭庄敬，礼教也。属辞比事，春秋教也。

读《诗》（《诗经》）使人温柔敦厚，通过《诗经》可以抒怀人的情感，可以多识草木名物，使人拥有诗歌的灵性，让人思想纯洁，增加了人的生命温度；读《书》（《尚书》）使人疏通知远，增广人的见识，知远古之事，拓宽生命的广度；读《乐》（《乐经》）使人"广博易良"，丰富人的审美力，改变人的精神状态，在美的享受中达到"尽美矣，又尽善"的人生状态，增加生命的美度；读《易》（《周易》）可以使人洁净精微，学会运用自己的理智对天地万物展开思辨，增加生命的深度；学《礼》（《礼记》）可以使人"恭俭庄敬"，能够尊人而自尊，更好地行走在社会之中，拓宽生命的宽度；学《春秋》可以让人属辞比事，能知历史的兴替，知人知事，增加生命的厚度。

从汉代立五经博士以来，"五经""六经""十三经""四书"，不同的经典称谓构成了中国传统教育的知识谱系，其教育的主要目的是通过经典改变人，改变人的生命状态，把起源于"轴心时代"[13]的精神经典作为丰富生命的养分和资料，"六经注我，我注六经"，用经书里的思想、智慧，来诠释自己的生命，这是中国传统博雅教育的主要形态。

二、博雅教育在雅典：成为自由的人

作为轴心时代的另一个文明形式，古希腊也提倡博雅教育，"博雅"的希腊文原意是"适合自由人"，博雅教育亦即自由人教育，

---

[13] 语出德国哲学家雅思贝尔斯。

自由人即希腊城邦中的政治精英。作为城邦的政治精英，要能够管理城邦，就必须成为一个有思想的人，成为一个"哲学王"。所以，古希腊的博雅教育，其目的是培养具有丰富思想和高贵灵魂的"自由人"，其培养的不是拥有专业技术的工匠，而是为社会进步做哲学思考的领袖。

古希腊博雅教育的重点是训练人的理性，苏格拉底、柏拉图和亚里士多德主张用数学、几何、天文、音乐、文法、修辞、辩证法等训练人的理性，使人的思想丰富而灵魂高贵。数学是最纯粹的理性思维方式，毕达哥拉斯称"万物皆数"，通过数学的学习，人可以获得理性的自由；几何是对物质空间的数学描述，柏拉图学园门口写有"不懂几何者不得入内"，古希腊人认为几何是透过变动不居的物质世界把握永恒的艺术；天文的学习则展现了古希腊人探索世界的热情，从泰勒斯的"水是万物的本源"到德谟克利特的"原子"论，展现了古希腊人对物质世界不竭的探索热情，而这种热情和思维方法也为近代科学范式的建立与爆发奠定了坚实的基础；古希腊人对音乐的追求，主要体现在音乐和谐上，他们认为声乐的和谐代表了善与美，通往"自由人"的博雅教育必然需要音乐；文法的学习奠定了人文经典创造和发展的基础；修辞学则展现了古希腊人用情感叙事表达人的诗性的能力；苏格拉底的"产婆术"和亚里士多德的形式逻辑奠定了古希腊人辩论和逻辑表达的基础。

古希腊的博雅教育不以专门人才培养为目的，却为文艺复兴和启蒙运动提供了丰富的思想资源，其所推崇的学习科目成为近代科学基础学科大爆发的基础。由此可见，源于古希腊的博雅教育，其所主张的思想方法和思维模式蕴含了宝贵的教育内涵。

三、博雅教育在当代：通才教育

随着近代科学的发展，世界教育史有过一段摒弃古典"全人"教育理念的发展时期，转向以"学科"为基础的专门知识教育时期。其中，普鲁士时期的德国为生产工业化专门人才而对传统教育所做的分科改造最有代表性。分科教育把人类知识按照学科形态划分为物理、化学、生物、数学等具体学科，以期通过学科专门知识的学习快速提升国民的工业化能力。随着教育的发展，人们重新认识到，缺乏通识的分科壁垒不利于创造性人才的培养，创造性人才需要具有广阔的知识视野、丰富的想象力和创造力，需要拥有艺术的灵感。传统的博雅教育理念重新进入人们的视野。

斯宾塞认为真正的博雅教育适宜于全体自由公民，但要加入科学或艺术的知识内容，既要发展个人的理性、德性，提高他的修养，也要培养国家和社会公民，还要符合经济和社会发展的需要。杜威综合了近代思想家对古典博雅教育的批评，认为博雅教育与专才教育、职业教育之间不是矛盾和对立的，"为有用劳动做准备的教育和为闲暇生活做准备的教育"都应成为培养一个完整的人的重要内容，要摒弃闲暇教育与劳作教育之间的对立，也就是要摒弃博雅教育与专门教育之间的对立。

当代大学（尤其是西方国家大学，中国的一些重点大学）都主张博雅教育，他们既继承了古典博雅教育旨在培养人的高贵灵魂和丰富思想的传统，又吸收了近代科学发展的成果，主张采用新的博雅教育来培养通识人才。其所依据的主要观点是：人的发展需要全面性，人的能力是由多元智能组成的，人需要拥有语言能力，这是人表达的基础，也是人思考的基础；人还需要有数理逻辑能力，这是人分析问题，探索复杂世界的工具；人需要有空间感，需要有身体运动的能力；而音乐、艺术和美又是激发人想象和创造的源泉，爱因斯坦说"科学的最前沿是艺术"，"与光同时奔跑"的天才想象需要艺术家般的大脑。缺少任何一种能力人都不可能获得全面发展。科学通过假设、可重复验证、数学和逻辑推演解释世界，诗歌激发人的浪漫想象，为人的创造工作点燃最亮的一盏灯。科学、人文和艺术综合发展，人才能拥有理性、激情和创造力。

基于以上观点，当代大学普遍主张采用博雅教育的方式培养人。具体策略是：学生进入大学之时，不做具体的分科，学生需要在科学史、哲学史、艺术、文学、历史等基础学科中经历丰富的学习，有了一定的通识基础之后再根据个人的学术倾向选择专业发展方向。这样所培养的人才拥有优秀的综合学习能力，在基础理论、技术素养、艺术品位、人文表达方面都有可挖掘的丰厚潜力，这种学习能力将帮助受教者在其一生的工作挑战中不断完成融合与创造。

地域环境影响下的"立人"观念

大江大河孕育了鲜活的生命与灿烂的文明，而东江则孕育了她两岸的东莞人民，见证了东莞的发展和蜕变。在东莞这方土地上生活、成长的人，理应饮水思源，感恩这条母亲河带给我们的一切。

我做校长之后，数年来都会通过研学活动，给学生带来认识东莞、体会东莞、热爱东莞的更好体验，我们曾组织孩子们溯东江而上，一起探索东莞这条母亲河的历史底蕴。

一方水土养活一方人，东江见证了东莞城市的发展和蜕变。组织孩子们了解东江更能激发出孩子们热爱家乡、报效家乡的热情。

古塔、金鳌、江水，数百年来见证着东莞历史的沧海桑田。金鳌塔下，孩子们重温东莞水乡文化，激发文化自豪感；亲近东莞母亲河东江，懂得珍惜水资源；学习垃圾分类，身体力行保护东江；齐心协力运送东江水，关注环保，关爱集体。

我们需要引导孩子了解的，还有很多，比如，东莞曾经是近代中国"睁眼看世界"的发源地，见证了东西方文明交汇、冲突、对话与融合的完整过程。

1839年，林则徐在东莞虎门销烟，成为中国近代历史的开端。在东西方文明交汇冲突的历史境遇中，林则徐深刻地预感到，中国这个数千年来封闭自守的农耕文明即将面向的是一个全新的世界，海上驶来的是通过征服海洋获得广阔生存空间和丰富视野的西方航海文明。所以，林则徐在东莞督办禁烟期间，广纳通晓外语的人才，要求寻找"懂夷务，通夷语"的东莞人，实现"探访夷情，知其虚实"的目的，这是东莞，也是中国近代史早期对外语人才渴求的第一阶段。

随着历史的发展，在"三千年未有的大变局"中，中国儒学传统解体于中西文明的冲突之中。1905年，中国废止科举，停止延续了千年以六经为轴的教育体制，推广学堂，学习西学；1914年，在蔡元培的主持下，废止中小学读经，儒学正式从国民教育中被终止；随后，新文化运动和白话文运动从语言和表达形式上改造了国民性。在这段波澜壮阔的历史中，交织着"中体"与"西用"，"救亡"与"启蒙"的声音，"别求新声于异邦"，向西方学习成为历史的主流。中国对外语人才的渴求从"懂夷语"变成要精通西学，能够以"信、达、雅"的方式重述西方文明。

到1979年，在改革开放的浪潮中，东莞再次成为中国面向世界的重要窗口。邓小平提出要"大胆吸收和借鉴人类社会创造的一切文明成果"，敢为人先的东莞人在邓小平的号召下全面发展，迅速成长为"世界工厂"。作为"广东四小虎"之一，东莞很长时间都是世界工业生产的重要引擎，工业产品远销全球，成为连接中国与世界的重要窗口。

自1839年林则徐虎门销烟开始，经过百年波澜壮阔的曲折发展，中国由保守、封闭、积弱重新走向富强与文明，中国的角色也由世界历史的"睁眼旁观者"转变成为未来世界建设的参与者、领导者。在这样的历史背景下，2017年，李克强总理正式提出"粤港澳大湾区"的概念，把"粤港澳大湾区"作为世界经济增长的新动力，东莞正处于这个区域的核心地带，东莞的外语人才所扮演的历史角色也将由原来的"通夷语""翻译者""推销员"转变为"讲中国故事的人""传播中国文化的人"。改革开放后的东莞对外语人才的渴求更加迫切，这一时期，对外语人才的要求是能够"讲好中国故事"，能够把中国的产品、文化和价值观讲述给世界。

东莞外国语学校正是在这样的历史情境和地域环境中诞生的，从诞生之初就决定了学校要拥有大历史的格局，拥有面向世界的视野。东莞外国语学校的教育者的知识视界，既要根于母语传统，又要投向广阔的世界，这是东西方文明在东莞交汇、冲突、对话的历史决定的。

很多人说东莞经济发展得好，东莞人能跟从不同地方来的人处理好关系，可能都来自那些植根于内心的文化上的东西，来自一种发自内心的朴实真诚、热情好客的东莞精神，我觉得"海纳百川、厚德载物"和东莞的文化是极其相称的。

由于多年来在东莞这块土地上生活，它的那些被传承已久的深厚的文化底蕴已深深植根于我的内心深处，并在日常生活与工作中给予我潜移默化的影响。这种包容、开阔与对话放在教育工作中也一样。在我们学校，我就是东莞本地人，学校教职工包括我们的行政领导班子成员，既有东莞本地的，也有来自其他地方的，但在我的眼里没有地域之分，无论本地还是外地人，大家的合作都亲密无间。我经常和大家讲，谁也不知自己的祖辈几百年前来自哪儿，所以在我眼里，无论他们来自哪里，都不会区别对待。作为领导，在任用人员的时候，着重考察的是这个人的道德观、价值观、个人能力、个人成绩，以及怎么和别人合作等综合素养，地域问题、文化背景的差异几乎是可以忽略不计的。

以"博雅立人"为导向的"一训三风"

博雅立人教育观下,东莞外国语学校培养人才的目标非常清晰——培养未来优秀公民,它具有较大的挑战性。相对于其他培养目标的实现,更会要求学校进行的每一项举措都要是一种全新的开始与起步。而学校想要朝着目标发展,校长的每一个决策都至关重要。同时,处于日新月异的时代,想要把一个学校办好,作为校长也必须要有一种敢于创新的精神——我们所提倡的创新,不是为了哗众取宠,不是盲目冒进,而是要秉承着一种科学的精神,合理地制定适合学校的方针政策。

基于此,学校形成了"一训三风"指导思想,以促进学校不断发展、成熟完善,并引领学校各项工作高效有序开展。

其中"一训"是指"博雅、格致、思辨、勤勉"的八字校训。

博雅的内涵是:广博丰富的学识是学校立人的基础,只有对人类文明的知识宝库有深度的涉猎,才能实现所有教育的目的。高贵的灵魂和风雅的气质是学校立人的根本追求,是学生创造有意义的、充实幸福人生的精神支持。与之相应的是,我们一直注重学生在知识拓展方面的引领，号召学生爱阅读，更致力于引导学生把阅读当作一生的好习惯，终生都能与书为伍。

格致的内涵是："格物而后致知"，探索的热情让人通达广阔的天地，上可达宇宙苍穹，下可致昆虫草木，向未知领域保持持续的好奇是学习成长的内在动力，学校倡导过一种充满探究热情的生活，让生命有创造力、有研究力、有意义感。学校经常组织学生开展各种社会实践活动，学生可以在海边露营，点篝火，听海浪的吟唱，也会来到田间地头，亲身体验种庄稼的劳苦。即便是传统授课，形式也不拘泥于课堂，而可以以活动的形式拓展到室外。生物课学生会在户外观察认识植物，综合实践课会到农村学校或农民菜地进行劳动体验；学校还搭建了东莞首座校园创客空间，让学生把想象变成产品……

思辨的内涵是：学会运用理性是学校给予人的最重要方法。学生从学校毕业以后可能把所学的东西都忘掉，但理性思考的能力不会忘。因此，一切教学活动都要以"让学生学会思辨"为前提，具有反思、思辨的意识和能力，才能让人超越自我经验的局限，进入更广阔的思想空间。埋头苦学而不去思考，只能造就出一群书呆子。知识只有为人所用才是有价值的，所以在提倡学生广学博学的同时，还要培养他们的思辨能力，而这种能力将会是他们一生最宝贵的财富。

勤勉的内涵是：生命成长不是惠风和畅的事情，总会有曲折和风雨，生命必须具有拔节力，才能在人生的不确定性中绽放自己。无论什么年代，勤勉都是人成长的保证。勤勉让人拥有持续的前进力，是学习并成为某一领域杰出人物的必备条件。一个成功者，必定是一个勤勉的人，试想哪个守株待兔的人能最终有所收获呢？无论是你想对抗生活的曲折，还是你想让自己的能力有所提升，离开勤勉都是无法实现的，因为它能让你保持追寻，不放任自己虚度那些本应去追求的年华。

而与校训相得益彰的，是我们的"和雅俊逸，各彰其美"校风，以及"立己立人，雅教慧教"的教风。

"和雅"，主要是从学校氛围出发，阐述了学校应该为学生营造出一种适合其生命成长的氛围。在学校中，我们应能看到洋溢着热情生命的最美状态。学校是学生成长的地方，是学生与同伴交往、分享、合作的重要集体生活场域，他们会在这里发展个性，并完成社会化发展。人与人之间的宽容和理解，是营造充满阳光、从容自信、朝气蓬勃的优雅校园的基础。其实，东莞外国语学校一直在力求为学生营造一种温馨、轻松的校园环境，以让学生感受到快乐与温暖。在这样的校园氛围中，莞外的学子阳光又自信。比如，我们的老师常常早上站在校门口，向学生说"Good morning"，效果就很好，让学生觉得很温暖。

而"俊逸"，则体现了在莞外这个青春洋溢的学校里，每个生命都能展现出自己最俊美的一面，微笑自信、自由奔放、心怀理想。在这里，每个人都是自己生命的主角，都敢于由内而外去演说、表达，展现自己的风采。

"各彰其美"，则彰显了生命的独特性，人与人的差异是与生俱来的，每个人都应当被尊重、被发现、被挖掘，学校存在的意义不是消灭差异，而是要利用差异，发展差异，让每一个人都能成为一道独特的风景。用一把尺子来衡量所有人是不可取的，找出每个人身上的亮点并成就他，是学校要做的最有意义的事情。学校应该是属于每一个生命的舞台，人人都应该找到自己的位置，各自彰显自己最美的一面，而不应专属于某一两个所谓的主角。

因此，为了营造良好的，有利于学生成长的氛围，同时也为了培养各方面都健康均衡发展的新时期接班人，我们学校"立己立人，雅教慧教"的教风也应运而生。

附：东莞外国语学校的一训三风

一、校训：博雅、格致、思辨、勤勉

博雅：广博丰富的学识是学校立人的基础，只有对人类文明的知识宝库有深度的涉猎，才能实现所有教育的目的。高贵的灵魂和风雅的气质是学校立人的根本追求，是学生创造有意义的、充实幸福人生的精神支持。

格致："格物而后致知"，探索的热情让人通达广阔的天地，上可达宇宙苍穹，下可致昆虫草木，向未知领域保持持续的好奇是学习成长的内在动力，学校倡导过一种充满探究热情的生活，让生命有创造力、有研究力、有意义感。

思辨：学会运用理性是学校给予人的最重要方法，学生从学校毕业以后可能把所学的东西都忘掉，但理性思考的能力不会忘。因此，一切教学活动都要以"让学生学会思辨"为前提，具有反思、思辨的意识和能力，才能让人超越自我经验的局限，进入更广阔的思想空间。

勤勉：生命成长不是惠风和畅的事情，总会有曲折和风雨，生命必须具有拔节力，才能在人生的不确定性中绽放自己。无论什么年代，勤勉都是人成长的保证。勤勉让人拥有持续的前进力，是学习并成为某一领域杰出人物的必备条件。

二、校风：和雅俊逸，各彰其美

和雅：学校是学生生命成长的主要场所，在学校中应能看到生命热情洋溢的最美状态。学校的集体生活是学生成长的重要支持，是学生与同伴交往、分享、合作的场域，学生在群体中发展自己的个性，完成社会化发展。人与人之间的融洽、宽容和理解，是营造阳光、自信、从容、优雅的校园的基础。

俊逸：每个生命都能展现出自己最俊美的一面，在青春洋溢的校园中，微笑、理想、奔跑、自由、自信应成为一道风景线，每个人都是自己生命的主角，敢于去演说、表达、叙述自己，由内而外地展现自己的风采。

各彰其美：每个生命都有自己的独特性，每个人都应当被尊重、被发现、被挖掘，人与人的差异始终存在，学校存在的意义不是消灭差异，而是要利用差异，发展差异，让每一个人都能在差异中找到真实的自己。不用一把尺子衡量所有人，寻找一个人的微弱光芒并使之绽放是最有意义的事情。要把学校打造成一个生命的舞台，让所有人都能找到自己的位置，各自彰显自己最美的一面。

三、教风：立己立人，雅教慧教

"己欲立而立人，己欲达而达人"，教师是"立人"的第一责任人，教师要成就自我，让自己的教育生涯幸福而辉煌，让自己业有所进术有所精，首先要能够帮助学生"站立"起来，让学生学会生活，让学生的生命达到自觉的地步，让学生善良、立心、立身，让学生找到自己的价值和尊严，发现自己未来的可能性，让学生成为一个真正的公民，教师才能有所成就。另一方面，教师要让学生信奉自己，尊重自己，把自己视为受益终身的良师，让学生在未来的回忆中留下美好和甜蜜，教师首先要"树立"自己，教师自身也要达到善良、丰富、高贵，才能成就学生，影响学生。

雅教慧教：教育是一项高贵的事业，它塑造人的高贵灵魂，教师要以从容、优雅的姿态行走在教育的道路上，才能成就高贵优雅的人。雅教，教师要热爱教育生活，把教育生活融入自己的生命，才能体验教师职业的内在尊严和快乐。教师是生命的点灯人，教师的职业虽然平凡、不显赫，但教师的职业并不庸常，一个优秀的教师足以让学生铭记终生，成为学生人生的美好回忆。慧教，教育是一项智慧的事业，教师要善于运用自己的智慧解决教育中的问题，基础教育的教师不是年复一年日复一日地重复教材，教师的工作充满了创造性，面对不同的学生和不同的情境，教师运用智慧做创造性的工作，应该成为工作常态。教师在日常的研究和教学中拥有创新和创造力，才能实现自己生涯的成长，教师应该在充满创造的教育生活中焕发自己的生命力，教师最美好的职业预期是将自己的教育智慧升华为自己独树一帜的理论和哲学。

四、学风：立心立身，广学趣学

立心：让自己的心灵站立起来，心灵提供人发展的源动力，拥有自觉、主动、积极的内心，才能激发生命无限的活力。成长的首要之事是立心，让心灵善良有爱，有温度，有能量，这是人生幸福的基础。

立身：成为一个真正的公民，拥有行走于社会的能力，能够运用自己的德性处理好与同伴、与社会的关系，是生命发展的重要之事。

广学：广阔的知识视野是打开自己生命宽度的基础，每一种人类创立的学科都有其丰富的价值，尝试打开不同学科的大门，可以发现新的天地，了解不同的思维方法和理论视角，学习就是要敢于走出自己的舒适区去挑战不同的可能性。中国和世界，人文、社会、科学和艺术，都要有较为深度的关注才能成为一个博雅的人。

趣学：关注自己的兴趣，才能打开自我发展的无限可能性，只有找到自己的兴趣所在，才能焕发自己的内在力量。所有的兴趣最终都应指向更深、更高层次的学习和研究。学习与快乐的关系，首要的是学习，因为基于兴趣、享受挑战、实现自我而快乐。感性的兴趣刺激可以唤醒学生的心灵，但教育不止停留于感性，还要把学生的兴趣与人类经典的知识、艺术形式、思想形态联系起来，让学生从自己的兴趣出发，去触碰人类文明宝库中的杰出人物和学科价值。

"立己立人，雅教慧教"的教风

从教师角度来解读"博雅立人"，是要更切实际、更细致的。教师是"立人"的第一责任人，"己欲立而立人，己欲达而达人"，教师要成就自我，让自己的专业精进，事业成功，首先要能够帮助学生"站立"起来，让学生学会生活，生命达到自觉的地步，让学生立心、立身，做个善良的人，找到自己的价值和尊严，对未来充满信心，成为一个真正优秀的公民。

另一方面，想要让学生信任自己，尊重自己，视自己为受益终身的良师，并在回忆中留下美好和甜蜜，教师首先要"树立"自己，自身也要善良、高贵，知识丰富，才能影响与成就学生。

我们在此基础上提出的"雅教慧教"，明确教育是一项塑造人高贵灵魂的事业，教师首先要从容、优雅，才能培养出高贵优雅的人。"雅教"，是说教师要热爱教育，把教育融入自己的生命，才能体验教师职业的内在尊严和快乐。教师是生命的点灯人，虽然平凡，但教师的工作并不平庸，一个优秀的教师足以让学生铭记终生，成为学生人生的美好回忆。"慧教"，表明了教育是一项智慧的事业，教师要善于运用自己的智慧解决教育中的问题。在基础教育中，教师的工作不是年复一年日复一日地重复，而是充满了挑战与创造，面对不同的学生和情境，教师的工作应该是充满智慧和创造性的，这样才能实现自己的成长，并在这种充满创造的教育生活中焕发自己的生命力，而教师对自己职业最美好的预期，应该是将自己的教育智慧升华为属于自己的，独树一帜的理论和哲学。

教风是为规范教师行为而制定的，对于教育的工作对象，广大的学生们，我们也提出了要求，制定了能激励并有利于他们健康成长的学风：立心立身，广学趣学。

"立心"，就是要求学生首先要把自己的心灵站立起来，心灵能为人的发展提供源源不断的动力。一个人只有内心自觉、主动、积极，生命的活力才能被无限地激发出来。因而成长的前提就是立心，我们都要善良有爱，做有温度、有能量的人，因为它是人生幸福的基石。

"立身"，就是要求大家要做一个真正的公民，拥有行走于社会的能力，能够运用自己的德行处理好与同伴、与社会的关系，这对一个人的成长与发展也是非常重要的。

"广学"，意在告诉学生，丰富的知识是打开一个人生命宽度的基础，每一种由人类创立的学科与理论都有其丰富的价值，尝试打开不同学科知识的大门，了解不同的思维方法和理论视角，就可以发现新的天地。学习就是要敢于走出自己的舒适区，去挑战各种不可能。因此，我们在知识的学习中，不管国内还是国外的，不管是人文、社会、科学和艺术，还是其他方面，都要有较为深度的关注，这样才能成为一个真正博雅的人。

"趣学"，一个人只有找到自己的兴趣所在，才有可能无限发展，才能激发自己的潜力。而一个人所有兴趣发展的最终目的，都应指向更深、更高层次的学习和研究。而关于学习与快乐的关系，学习是首要的，基于兴趣实现自我的学习，将会使人享受挑战，感到快乐。虽然感性的兴趣可以刺激、唤醒学生的心灵，但教育不能只停留于感性，而是要让学生把兴趣与人类经典的知识、艺术形式、思想形态联系起来，并以自己的兴趣为出发点，去触碰人类文明宝库中的精髓部分。

其实东莞外国语学校立校之初，就以"高质量、有特色、现代化、国际化"为办学目标，以"博雅教育"为办学策略，通过文理兼容、会通中西、社会能力与艺术能力并长等理念，致力于把学生培养成能够适应未来发展的人才。因此，在"博雅教育"的基础上，学校从"人"的角度出发，对办学多年的文化与成果进行了全面的提炼和总结，形成了"博雅立人"的大教育观。而"博雅立人"体现了人在教育生活中如何觉醒、如何成就自己、向何方成长的问题。其核心理念在于"立人"，而"立人"就是要让学校关注人，让学校充满勃勃生机，让学校有情、有意、有血、有肉、有精神、有灵魂。把精神发展的主动权还给师生，让教育焕发生命的活力。

而且为了配合学校"一训三风"的顺利开展，学校每学年都开设了多种多样的选修课，有学生喜爱的研学之旅，教学楼顶上的天台菜园、高尔夫球场、艺术节、体育节……入学礼、青春礼、成人礼……丰富的校园生活让东莞外国语学校的学生们充实又快乐。

比如，我们曾经组织学校五年级学生前往无人机基地感受中国科技发展的成果，学习无人机的基本构造，模拟操控，实地操作无人机。在学习中，同学们了解了多种类型无人机的不同用途，机器人在指令下进行一系列动作，如航拍摄影、农业施肥、应急通信等。中国科技的迅猛发展，不仅极大地激发了同学们的兴趣、好奇心与民族自信心，这一从理论到实践，从模拟到现实的过程，也让大家全方位地感受到了科技给生活和工作带来的便利和乐趣，培养了孩子们探索科技的兴趣，并坚定了他们树立更长远学习目标的决心。

我们还曾组织同学们观看《厉害了我的国》主题视频，感受中国飞速发展的历程，海战博物馆里，大家了解了往昔因为落后而挨打的中国，而今，中国已然变了模样，军事、科技、航天、经济等皆已位居世界前列。观看完视频之后，同学们为我国如今取得的成就感到无比自豪。

少年强则国强，历史向我们昭示了落后就要挨打的残酷现实。作为新时代的少年，更要铭记历史，担当起振兴中华的责任。而对于这方面的教育，让孩子自己亲身体验，远比关上门来教育要深刻得多。

比如，我们为一二年级孩子举办的游考活动。老师为孩子们精心布置了教室与平台，整个游考场地充满着童趣色彩。

一年级小朋友们戴上自己亲手制作的动物头饰，化身成可爱的小动物，置身于充满森林气息的教室，兴致勃勃地向一个个"关卡"发起挑战。孩子们那认真的小手，那喜悦的小嘴，那盼望的小眼神，无不彰显着对游考的喜欢。积分卡上的那一颗颗小星星，都是孩子们成长的最好见证。

二年级的小小魔法师们头戴尖顶帽，身披大斗篷，手持魔法杖，穿梭在一道道魔法关卡中，勇闯魔法城堡。他们穿梭在教学楼的各个角落，在"魔法红扫帚关"施展自己的"魔力"，或帮助小白兔成功找回丢失的气球，或协助闹钟找回失去已久的响亮声音，有的还使用巫师帽的专属"宝典"闯关。活动中，丰富的知识藏匿于各个环节，妙趣横生，令孩子们兴致盎然，尽情享受着游考带来的欢乐。

与此同时，在一年级数学森林派对里，"小动物们"有条不紊，帮助小猪、猴子解决问题，样样都在行。趣味盎然的数学游考背后，考察了孩子们本学期所学的数学知识，展示了孩子们出色的数学能力与思维。可爱的学具配上稚嫩的脸庞，形成了一道靓丽的风景线；在二年级神秘的数学魔法城堡中，"小魔法师们"运用自己的聪明智慧逐一解开了暗藏玄机的六种奇妙魔法术。通过动手操作和认真思考，孩子们不知不觉收获了更多的数学魔法能量！

此外，在热闹非凡的一年级动物嘉年华上，"小动物们"大方演绎英文歌曲，又唱又跳，个个从容应对，奇妙的英语游考仿佛一场场精彩的演出，引得老师们驻足观赏！在欢乐的英语游考中，小动物们还学会了团结协作；在二年级的英语魔法城堡（Magic Castle）里，许多 Magic Words 等着和他们交朋友呢！小魔法师们火眼金睛，破解了调皮的 Magic Letters 的障眼法，帮助 Magic Castle 恢复了正常秩序。

正所谓："纸上得来终觉浅，绝知此事要躬行。"以游考为载体，让书本知识"活"起来，变得可触、可碰、可玩，减少孩子对考试的陌生感、距离感，就会使孩子更容易接受知识，提升学习效果。事实证明，用游戏的方式考察学生的综合能力，寓考于乐，培养学生的思维，激发学生对知识的探索，更容易让学生在游戏中体验，在体验中收获，在多元评价中成长。

我们学校之所以要开设那么多的活动及校本课程，是因为现在的学生参与社会实践和生活锻炼的机会变少了，因此要更加重视学生实践能力的培养，通过各种各样的活动，让孩子在活动中体验，在体验中成长，通过这些活动和课程学会做人、学会学习、学会生活、学会合作。

在学校的发展中，始终坚持以人为本，不仅要培养学生拥有扎实的学习基础，较强的学习能力，更重视在学生视野、格局、人文素养等方面，以及对社会的感知能力和社会竞争能力的培养。虽然成绩很重要，但它不是全部。作为学校，一定要让学生多多参加活动，体验不同的课程，一有机会就走出校园，才能让学生得到全方位的成长，成长为"完整的人"。

要培养具有广阔视野、格局高远的学生，首先要有格局高远的教师。建校以来，在"博雅立人"的教育观念引领下，我们对教师个人素养、专业能力的提升都提出了很高的要求，例如教师要有经典意识、前沿意识，能够把学生学习的内容与人类知识发展过程中的经典范式联系起来；教师要关注学科的前沿发展，关注学科悬而未决的问题，关注学科未来的发展方向，关注社会未来的发展方向，指导学生成为"未来世界的参与者"；教师还要摒弃学科之间的偏见，成为一个博识的人，能够跨学科学习，指导学生跨越人文、科技、艺术之间的界限。

同时，我们也对"慧教"的教师能力提出了要求，教师的智慧不仅体现在教学上，也体现在育人上。教师要善于激发学生的创造激情，驱动学生自主发展，这是教的智慧。教师要能够帮助学生解决成长中的困惑，运用自己的智慧帮助学生成长，成为学生终身的良师。

附：东莞外国语学校教师的核心素养

爱，雅，博，慧

爱：爱学生，爱自己的人生，爱教育事业，把爱作为自己教育生活的起点，对生活和事业充满信心。"立人"哲学既觉醒学生，更觉醒教师，赋予教师以爱的能力。"教育的秘诀是爱"，掌握这一秘诀，就能与学生一道向着丰富而广阔的人生成长。

雅：东莞外国语学校的教师要有优雅的特质，优雅不仅是教师外表、谈吐和行为的外在表现，更是教师从容自信的内在气质。要培养内心善良、气质优雅的学生，首先教师要有品位、有格调、有追求，教师要过享受艺术和美的生活，追求高雅的兴趣与爱好，才能去影响学生，改变学生。

博：要培养具有广阔视野和格局高远的学生，首先要有格局高远的教师。莞外的教师，要有经典意识、前沿意识，能够把学生学习的内容与人类知识发展过程中的经典范式联系起来；教师要关注学科的前沿发展，关注学科悬而未决的问题，关注学科未来的发展方向，关注社会未来的发展方向，指导学生成为"未来世界的参与者"；教师还要摒弃学科之间的偏见，成为一个博识的人，能够跨学科学习，指导学生跨越人文、科技、艺术之间的界限。

慧：教师要有智慧地教。智慧不仅体现在教学上，也体现在育人上。教师要善于激发学生的创造激情，驱动学生自主发展，这是教的智慧。教师要能够帮助学生解决成长中的困惑，运用自己的智慧帮助学生成长，成为学生终身的良师。

博雅课程的教与学

作为一所新学校，需要凝聚共识，让全体教师拥有共同的教学理念，实现高效课堂。建校之初，我校根据外国语学校特点以及市基础教育教学改革动态，经学校骨干教师讨论，提出了"鲜活高效的智慧课堂"理念。

"鲜活"指向教学方法和手段，即教师教学使用的方法是鲜活的，引用的例子是鲜活的；指向教学语言，即教师的教学语言是生动活泼的，而不是枯燥乏味的；还指向教学内容，即教师重组教学资源之后，教给学生的教学内容是新颖并紧扣时代、紧密联系生活的，而不是陈旧呆板的。

"高效"指向教学目标，即一节课的教学是高效而不是低效的；也指向教学方法，即教师使用的教学方法是事半功倍的。

"智慧课堂"根据东莞"慧教育"理念提出，鼓励教师树立新的教育理念，充分运用互联网教育等新技术、新方法，打造智慧课堂，逐步实现智慧教学和智慧学习。

"鲜活高效的智慧课堂"理念就是教师充分利用新技术手段，以鲜活的教学方式与鲜活的教学内容引领学生口动、手动、脑动、心动、情动，灵活运用接受式学习、自主学习、小组合作学习、探究学习等，让课堂气氛活跃起来，思维灵动起来，使课堂效果高效。

理念提出后，我校通过组织"格致师苑"讲座、教育教学论坛、阅读分享会、教学心得分享会、科组研讨会、公开课磨课和观课，以及派教师外出考察学习等方式，让教师明确课堂教学的基本追求，使鲜活高效的智慧课堂这一教学理念深入人心，从而实现课堂创新。

学校按照"基础扎实，多元拓展"的原则进行课程规划，构建以国家课程为主体，校本特色课程和活动课程为两翼的"一体两翼"课程体系，努力把学生培养成为"完整的人"和全面发展的"未来公民"。

一、完善校本特色课程建设

本着"国家核心课程和丰富特色校本课程相结合"的原则，我们学校按学习领域整体规划，以本校教师专业特长为基础，同时引进社会教育资源，开发了一系列特色校本课程。自办学到现在，我们致力于让校本课程更加丰富，更精彩纷呈。现今莞外的校本课程有四大类：

必修类：中学阶段每位学生必须选修一门第二外语。开设具有外语学校特色的校本课程，探索多语种发展。除英语外，还有法语、德语、日语、西班牙语、韩语等。

活动类：每位学生每学年必选1至2门，倡导中学生会一门乐器、擅长一项体育活动。如音乐类的合唱与指挥、吉他演奏等，体育类的网球、高尔夫技法等。初中阶段开设形体课、舞蹈课等，培养学生的审美情怀、审美能力和健康体魄。

科学及人文类：科学类主要包括数学、物理、化学、生物等学科，如电子控制技术、数码摄影、化学与生活、健康与生活等；人文类主要包括哲学、经济、语言文化历史、地理等学科，如粤语文化（包括粤语歌谣吟唱、粤语演讲比赛等）、旅游与文化、演讲与口才等。每位学生每学年从中至少选修一门。

研学旅行课程：研学旅行将"学"与"游"融合一体，通过自然事物激发学生强烈的好奇心和内在的求知欲，让学生带着任务去研学，培养其发现问题、解决问题的能力。在实践中加强学生道德素养的养成、创新精神的培育、实践能力的培养等多个方面的教育，让学生自主地运用已知去探求未知，全面培养学生核心素养。

如今，莞外从小学到高中已经开发了200多门特色鲜明、学科融合的校本课程，例如法、日、韩、西班牙四门小语种外语课程，英语演讲、英语荣誉、英语角、英语戏剧、托福英语、美国历史、英美文学、西方文明史等英语特色课程，国际理解教育、国学、阅读、教育戏剧、演讲与口才、硬笔字、软笔书法、打击乐和高尔夫、创客、木工设计、国际象棋、健康与幸福、形体与健康等艺、体、美活动课程，都深受学生喜爱。这不仅让教师的专业特长得到了进一步发挥，更让学生的兴趣得到了发展，学生在其中慢慢探索自己，从而为自己找到人生的舞台。

二、优化外语优势课程

外语教学作为我校主要的优势，我们主要从课程设置、教师聘任、教材使用、活动开展等方面进行强化。在国家课程的学习上，按照"基于词块、重视听说、加强阅读、整合资源、学用合一"的原则进行各学段教学。把词块作为教学的基本单位，各年级全部实施全英教学，加强英语听说训练。小学借助绘本和《典范英语》等扩大阅读，中学借助《21世纪英文报》和名著或名著简写本等加强阅读。

各学段把英语语言能力作为核心素养来培养，聘请了10位优秀外教担任口语课和部分选修课老师，课内课外学用合一。同时，通过英语选修课(英语戏剧表演、听歌学英语、英语电影与文化、托福英语等)、课前3分钟演讲等，着力培养学生的语言运用能力。

另外，学校大力营造良好的英语环境。英语角、双语升旗仪式、双语校运会、双语宣传栏、双语电子屏等，让英语日常化；每年举办英语演讲比赛、英文报刊阅读大赛、英语配音大赛、英语朗读大赛、英语歌曲比赛；接待外国来访师生团。这些多姿多彩的实践活动"润物细无声"地提高了学生对英语学习的兴趣和对西方文化的了解。学校还将积极探索双语教学，开发出更多适合学生的双语课程。

三、进一步提升鲜活高效课堂效果

"教学有法、教无定法、贵在得法"，建校之初，我校根据外国语学校特点以及市基础教育教学改革动态，经学校骨干教师讨论，提出了"鲜活高效的智慧课堂"理念。五年的探索，莞外教师充分利用新技术手段，以鲜活的教学方式与鲜活的教学内容引领学生口动、手动、脑动、心动、情动，灵活运用接受式学习、自主学习、小组合作学习、探究学习等，让莞外的课堂气氛灵动起来，使课堂效果更高效。

每年我校都举办面向全市的教学开放日活动，中学部与小学部所有课堂与大课间均对外开放。全市九十多所中小学的领导、教师及市教研室教研员共700余人莅临我校参与听课及交流活动。这很好地展示了我校教师扎实的专业素养、规范严谨又不乏鲜活创造力的课堂教学，赢得了听课来宾的认可和好评。不仅如此，各学科组还组织了各级各类公开课，老师们听、评课基本呈现常态化。各级公开课的开展既发挥了骨干教师的示范引领作用，也加快了青年教师的专业成长速度。

附：东莞外国语学校学生的十二大核心素养

东莞外国语学校要求教育要成就卓越的人，把"成为未来某一领域的杰出人物"作为培养目标，在学生心中植下希望的种子，激发学生的挑战热情，把"创造更美好的世界"作为莞外人的价值信条，激励学生为"更美好的世界"而努力，让学生从技术、科学、人文、艺术、生活等各个角度思考未来的世界，激发自己无穷的创造潜能。再立其学，在学科学习中积累丰富的知识能力；后立其志，让其拥有增进人类福祉的使命感，拥有对美好世界的期待和行动的力量。

由办学理念"博学雅行、格高志远、屹立天地"引申出"十二大核心素养"：

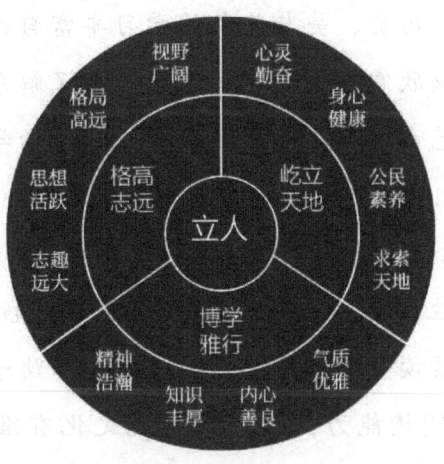

莞外学生的核心素养

这一系列的核心素养目标不是一蹴而就的，需要在学生生命成长的过程中循序渐进地推进，从小学到高中，一步步拓宽其视野和格局。东莞外国语学校是十二年一贯制学校，拥有完整的、成体系的培养学生素养的条件。

一、精神浩瀚

小学阶段的素养重点是阅读力、审美力和儿童哲思能力。

阅读是精神丰富的基础，审美让儿童超越个体生活的经验进入自己的精神世界，儿童哲学帮助孩子建立思考世界的思维模式。要熟知中国的本土神话、传说和经典故事，大量阅读适合小学生的诗词和歌谣，了解汉字及其文化，了解母语生活，尤其是中国人的节日文化与中国人特有的生活方式，能够欣赏和认知中国独特的艺术和美。

初中阶段的素养重点是人文通识、艺术能力、哲思力。

初步接触人文通识教育，在小学的阅读积累基础上扩大自己的阅读范围，逐步走向"人文阅读""大阅读"和"全阅读"，通过文学、儿童哲学、历史、美与艺术的学习丰富自己的精神世界。在艺术领域，在广泛欣赏东西方艺术的同时，了解东西方美学理论，掌握一定领域的艺术技巧，关键是能够在艺术的学习中激发自己的想象力和创造力。

高中阶段的素养重点是人文积淀、艺术积淀、哲思力。

莞外的高中生，每一个人至少应在高中阶段精读一本初级世界学术性经典，精读一本中国思想经典（先秦诸子或儒家经典），有良好的文言文阅读能力，对中国传统文化有准确的把握，能够欣赏书法、戏曲、音乐、绘画等中国艺术，掌握一门中国艺术。

在自己的生命中留下厚重的中国文化印记，成为真正精神浩瀚的人。

二、知识丰厚

小学阶段的素养重点是好奇心、求知心和知识情感的发展。

让学生拥有丰富的学习体验，提升学生对未知领域的好奇心，提升对知识的求知欲望，感受知识思考和解决问题带来的喜悦；广泛了解人类知识的奇妙和伟大之处，理解科学的精神、方法与态度，建立对知识探索的积极心理。

初中阶段的素养重点是志趣力、学习力和探究力的发展。

对知识形成持续的热情，把小学阶段的好奇心理内化为可持续的"志趣力"，让兴趣与志向结合，形成终身学习的价值观，养成良好的自我学习习惯，做到不依赖教师而能够独立自主完成自我学习。人类知识的宝库中蕴藏着人类探索世界留下的痕迹：学科精神、未知领域、悬置问题、伟大贡献、社会价值等，学习是学生能够超越个人生活经验进入更广阔知识天地的通道，在人类知识宝库之中学习，可以丰富学生的精神世界，这是学生知识能力的基础。

高中阶段，需要拥有中西会通、文理兼具、知晓古今的素养。

高中阶段有了一定的知识基础，具备了广泛学习古今中外经典知识的可能性，可以广泛涉猎中国古代经典和西方社会学、历史学、哲学、经济学方面的著作，让自己的知识丰厚起来。无论是人文、科学、技术还是艺术，都是人类探索并解释世界的不同方式，不同的学科看待世界的视角不同，但都能够帮助人们更好地认识世界。在高中阶段，不应刻意划分文科和理科的界限，应该尝试让学生学会从不同的视角，用不同的方法来解释世界，从人的视角、理性的视角、审美的视角、技术和实用的视角来看待同一个问题，有助于学生拥有更完满的知识。

三、内心善良

小学阶段，重点是发展儿童的悦纳心、同理心、仁爱心。

悦纳指向自我，是对自我、对他人、对世界的接纳；同理心指向他人，是儿童学会处理自己与社会关系的前提；仁爱心指向更广的社会，是儿童德性发展和生命充满温度的基础。

初中阶段，重点是发展学生的自主力、人际力、关爱力。

青春期的叛逆、自我怀疑和焦虑是初中生面临的主要心理冲突，要成长为内心善良的人，初中阶段需要拥有自主力使自我走出成长困惑，同时需要将小学阶段的同理心基础发展为良好的人际力，进而把心理情感迁移，学会关爱身边的人，关爱更多的人。

高中阶段的重点是将心理能力升华为情商、爱商和德性。

高中生心理发展趋于成熟稳定，重点是把小学和初中阶段积累的心理能力固化为爱商和情商，成为真正内心善良的人。

四、气质优雅

东莞外国语学校要培养高贵的人。人的高贵不是因为其等级、地位和财富，而是因为拥有爱与审美的能力，懂得欣赏美，会创造美，能在四季变换、日月交替的自然中发现诗意。

小学阶段，重点是培养学生的雅言、雅行、雅容

即言行举止和基本礼貌的养成教育，在说话、行为、容貌装束上做到优雅。

初中阶段，要将外在的文明礼貌内化为内在的雅趣、雅质、雅才。

通过有格调、有品位的诗书、茶艺等活动，把小学阶段的文明礼貌内化为才艺和气质，让人在举手投足之间就能展现出优雅。

高中阶段，通过学习，进一步把文明礼仪和教养内化为修养、品位和气质。通过深入的优雅学习，达到"腹有诗书气自华"的目标。

五、视野广阔

小学阶段主要是语言基础、文化基础、世界文学素养。

奠定跨文明学习的语言基础，把阅读和学习的目光投向世界，尤其是世界儿童文学经典，初步了解世界的不同文化。

初中阶段，让学生拥有跨文化学习能力、语言与沟通能力和全球意识。

人类文明是由丰富、多彩的文化组成的，在世界文明宝库中，有各国探索自然、社会、艺术等领域留下的科学、技术、文学、艺术、历史等宝贵的精神遗产，学生要学会把视野扩展到更广阔的世界和宇宙之中，要怀着开放的心态在人类的知识宝库中学习。

高中阶段重点是发展学生的全球视野、国际理解和未来视野。

拥有了小学和初中的基础，可以参与适当的国际性活动，逐步形成未来与各国的精英一起应对全球性挑战的能力，成为未来世界的参与者。能够理解不同文明之间的思考方式、风俗习惯和行为准则，对异域文明持同情的了解态度。未来的企业、社会组织、国际组织将呈现为相互渗透共同发展的态势。未来的世界是由不同的异质文明构成的，既不独属于中国，也不独属于西方，需要在异域文明之间对话和增进理解，才能更好地参与未来世界的构建。

六、格局远大

小学阶段，重点是发展思维方法、学习的情感态度和对杰出人物的认知。

在学科的学习中体验经典知识蕴藏的思维方法，体验人类探索历史中的伟大发现和巨大成就带来的积极情感，了解学科探索过程中的杰出人物，建立格局远大的学习目标。

初中阶段，重点是研究力、学科精神和未知领域探索能力的发展。

初步具备研究学习能力，能够根据人类知识的经典范式开展相似研究和学习，更深地了解学科探索过程中形成的学科精神，对未知领域有浓厚的兴趣。

高中阶段，重点是形成经典理解力、前沿眼光、学术力。

要了解人类科学发展的简单历史，知道科学史的经典理论，了解科学史上杰出人物做出的价值贡献，积累的学科精神，知道科学存在广阔的未知领域。理解人类知识中蕴含的价值和精神，拓展学科学习，使学习从"掌握知识"上升为理解知识中蕴含的问题发现过程、学科的发展历史、学科的未知领域、知识的要素、学科中的杰出人物、学科的基本结构体系、知识的社会贡献、多元观点、知识的内在逻辑、知识中所蕴含的人类价值，理解学科的研究方法、学科精神和探索方向，开展深度和广度的学习。需要拥有外语特别是英语的学术力，在中学特别是高中阶段，学生直面SAT等考试，需要英语学术能力，所以要强调英语的学术阅读。

七、思想活跃

小学阶段，重点是想象力、故事力和表达力的发展。

尊重和保护儿童的想象力，让孩子充满奇幻的想象为他们自己的生命打开更广阔的空间，让孩子学会叙事，拥有故事力，能够生动地表达自己的所思所想。

初中阶段，重点是形成问题意识，拥有创思能力和反思能力。

把小学阶段天马行空的想象转化为发现问题的能力，学会提出问题，将其变成创造性思考的基础，学会适当的利用理性反思自己的想象和创想，让想象具有可实现性。

高中阶段，发展学生的创造性思维、批判性思维、建设性思维。

康德说"要有勇气运用你的理性"，要让高中生学会创造性思考、批判性思考和建设性思考，让学生学会独立的思考，运用理性探索世界，运用理性思考自己的命运和选择，运用理性思考真、善与美。

八、志趣高远

小学阶段，重点是让学生找到自己的小梦想，付诸小行动和小改变。

养成善于梦想的意识，把"改变世界"的愿望变成一个个小小的梦想，小到改变一个教室的容貌、改变一盆盆栽的生长。建立积极的人生态度，自信的自我认知，以及对更美好世界的期待，小梦想能够赋予人生活以温暖的意义感，形成行动的内在驱动力。

初中阶段，重点是提升学生的技术素养、合作力和参与力。

发展为梦想而行动的行为能力，提升自己解决问题的技术素养，发展与人协作的合作力和参与力，形成团队意识，体验在组织中共同把小梦想变成小现实的可能性。

高中阶段，学生要有领袖意识、愿景力和改变世界的热情。

创造"更美好世界"的大梦想，有愿景力，相信愿景能够"改变世界"，有成为未来某一领域杰出人物的理想追求，拥有改变小世界和改变大世界的冲动和激情，对于更美好世界有自己独特的理解，并能够把自己的想法付诸行动。尝试想象与各国精英共同应对全球挑战的大梦想，让大梦想与小梦想交织。梦想、激情、行动、创造力、对美好的诉求应该成为莞外高中毕业生的标签。

九、心灵勤奋

小学阶段，重点是兴趣的发现、挑战的渴望和意志力的发展。

发现自己的兴趣所在，依靠兴趣的驱动使自己的内心勤奋，拥有挑战卓越的渴望，并形成持续的意志力，这是人生走向成功的基石。

初中阶段，重点是要有持续的兴趣，找到努力的乐趣，拥有信念力。

使兴趣能够持续并长久，能够发现努力带来的成功感和乐趣，拥有坚定的信念力，相信自己的爱好和选择，能够坚定不移地实现自己的目标，使勤奋成为内心的习惯。

高中阶段，重点是要让学生拥有挑战的热情，拥有目标感和成就感。

"觉醒生命"，让生命自觉自立，拥有积极主动的性格和挑战的热情，只有让学生充满热情地规划、设计和参与自己的发展，才能激发学生自身的无穷潜能。高中阶段要让学生对世界充满兴趣，对人生的可能性充满期待，这将构成学生终身发展的行动力基础，内在地驱动学生发展自己，成就自己。同时要拥有明确的目标感，知道自己想要达到的目标，并为此兴奋和激动，在这个过程中充分体验每一次实现带来的成就感，把成就感内化为内心更强大的动力。

十、公民素养

小学阶段，重点培养学生的公民素养、集体生活能力、自我与环境素养。

学习作为一个现代公民所必需的素养，包括基本的文明礼仪，公共场所的道德等，在集体生活中学习，感受自我与集体之间的秩序感、纪律感、依存感，探索自我与学校、社区等环境的关系，成为一个合格的现代公民。

初中阶段，重点发展学生的社会参与能力，形成国家认同和民族认同。

逐步成长为良序社会的建设者和参与者，为成年进入社会做好准备，拥有初步的社会参与能力，能够充分认识自己的国家，形成国家认同和民族认同。

高中阶段，学生要能够思考民主与法治、公平与正义，能关注国家命运。

能够针对社会的良性发展做出理性分析和思考，能思考社会主义核心价值观中蕴含的深刻哲理，关注民主与法治、公平与正义等社会主义核心价值观问题，初步具备参与社会主义国家治理的意识与能力，可以在模拟政协、模拟人大等活动中塑造参与能力，关注国家和民族的命运，成为一个有大格局的现代公民。

十一、身心健康

小学阶段，重点是健康、有活力、有自信、有幸福力。

有活力包括两方面的内涵：一是喜好运动，在运动中发展自己的身体，发现自己的运动潜能，并把一门运动技能发展为自己擅长的能力；二是心灵有活力，乐观、自信、开朗，具备感受幸福的能力。

初中阶段，形成爱运动、会生活、内心光明的生活方式。

把小学阶段发现的自身运动潜能发展为运动特长，在运动中度过自己的青春期，使身体得到良好的发育，用运动解决青春期的心理问题，使自我内心充盈、阳光、快乐，同时逐渐学会独立生活。

高中阶段，重点是形成阳光/大方、运动/健康、独立能力的素养。

在成人预备期形成成熟的心智，男生拥有阳光晴朗的外表和性格，女生落落大方，持续发展自己的运动能力，拥有健康的身体，为未来的成年生活锻炼自己的独立能力，既包括生活的独立，也包括学习和未来工作的独立。

十二、求索天地

小学阶段，要行于窗外，丰富体验，增长生活见闻。

主要是走出教室，到窗外学习体验，在和昆虫草木的对话中丰富自己对世界的第一手认知，增长自己的生活见闻，为自己的学习积累丰富的生活体验。

初中阶段，要行于中国，丰厚母语情感，增长本土见闻。

对中国有更广阔的认识，在真实的情境中感受中国的山河、时代变迁和历史积淀，丰厚自己的母语学习体验，拓展自己对本土的认知，在走向世界之前形成独特的中国观念。

高中阶段，要行于世界，发展外语，增长世界见闻。

走出国门，打开面向世界的窗口，体验国外的文化和学习方式，加强与国外中学和国外大学的对话，在真知真行中增长自己的世界见闻。

后记

我所接受的无声教育，及其透射的教育真谛

居必择乡，游必就士。

—— 荀子

一、无论贫穷或富有，让孩子为家乡骄傲

我老家在东莞寮步镇郊区东北部一个叫西溪的地方，那是一个古村子。作为广东省首批历史文化名村之一的寮步西溪古村，始建于明弘治三年（1489年），距今已有530年历史。古村坐东向西，依自然山势缓坡而建，初建时总面积72.6亩，其中池塘35.8亩，经过人们长期居住和生活，这里逐渐形成了村落的规模，此后经过不断完善和扩大，最终形成了现在的西溪古村落群。

西溪古村原名芦溪村，由于地理位置得天独厚，自然环境优美，配套设施完善，现已成为寮步镇美丽乡村建设试点村。在这里，遗留至今的明清古建筑总面积接近3万平方米，有祠堂14间，古民居193间，古井37口。西溪古村的规划和建筑很有气势，特点鲜明：一是巷道布局统一，二是祠堂规格统一，三是民居形制统一。这些建筑群体呈现出棋盘式横竖排列的阵容，具有鲜明的广府文化特色。

在村内，7条横巷和11条纵巷四通八达，村民出入十分方便。建筑物和村落原始风貌保存得相对比较完好。它也是现今珠三角地区规模较大、原生态保存较为完整的古村落之一，具有鲜明的岭南文化特色。

村子里的古围墙、民居、祠堂、古井、水塘、古榕等共同构成了颇具特色的村落文化景观。在村子的大门口，可以看到很高的院墙，在旧时代能起到很好的防御作用。这里的房屋建造标准基本一致，用料都是大概一米高的红石头，这种石头不是花岗岩，是那种不是很硬的红砂石，虽然时间长了会风化，但是不怕水泡，还是比较结实的，所以当时村民盖房子用的都是大大的石头做墙体，顶上则是青砖。

西溪古村已有几百岁了，因此它的乡土人情气息更为浓郁。在经过整体规划和修葺后，它仿佛换了一副新的面孔。在这里，优秀的传统文化不仅得以展示和继承，还被进一步发展和优化。如今村里经常举办各种文化活动，虽主题多变，但多与传统乡情和生活相关。其中的活动项目有汉服展示、香牌香囊自制、造纸术、擂茶与八珍糕、香道表演等。特别是属于非遗项目的"舞凤凰"和"手工搓沉香"，更是吸引了非常多慕名而来体验手工魅力的人们。

在用了一些特色旅游与文化的方式包装之后，西溪也变成了寮步的一个著名景点，成了众多网红的打卡地，每年都吸引了很多人前来旅游。那些被修缮后的民居保留着青砖结构，但内部被重新改造了一番，空间利用也更为合理了。现在的村落里随处可以见到古井、壁画、木雕、石雕等物品，它们让这座百年古村重新焕发出浓郁的古文化韵味。明清时期的文化元素和现代化的生活风格相融合的景致，令许多游客置身其中沉醉不已，仿佛穿越了一般，不知今夕何夕。

过去，西溪古村曾经是商贾云集之地。在明清时期，寮步镇已是"莞香"交易的集散地，商人们从这里收购莞香，运到香港码头转运或者交易，然后再经由香港把莞香带入更广阔的天地。由此可见，东莞人的大气包容、热情真诚，由来已久，试想一群自私自利、心胸狭窄的人又怎能有如此的眼界与心胸，东莞的昨日繁荣与今日昌盛乍一看关联不大，其实则是一脉相承，我们只是把这些看不见的财富从前人的身上继承了下来，并发扬光大罢了。

现在提到东莞人的生命底色，"纯朴和包容"这一说法已被越来越多的人认可，其实，它也是颇有历史渊源的。在我们村中的尹氏宗祠里，仍然存有尹氏先贤尹明翼题的古训"著存不忘乎心"，它时刻在提醒人们要崇本敬祖，尊老爱幼。事实也是如此，百年来，在这片土地上生活的人们都和睦而居，民风淳朴。

我从小就在这个古老的村里长大，那时我们村大概有1000多人，很多外面的人来我们村时，都觉得我们这个村和别的地方不太一样，这主要是因为我们村有这样一个景致，从一条小巷里面可以一直从前面看到后面，它可以纵着从一条小巷的巷头看到巷尾，然后横着可以从村子偏南边，一个叫南门地方，一直贯穿到北边的北门。以前的南门和北门，同时也是村里的两个生产队。

目前，大多数的古西溪村原住村民已经搬离了古村，住进了附近的楼房别墅或去往他处了，或许村子里承载了人们太多难舍的记忆，也或许是这里的景色太诱人，因而时不时还会有老人回村小住，所以在村子里时常还能见到他们在乘凉、散步。

因为我的老家是个古村，所以我有朋友去东莞了，都说要去我老家看看，这也是常让我引以为豪的地方，尤其现在它还是网红村及寮步的一个特色景点。作为土生土长的西溪人，能见证西溪古村的一小段发展历程，我还是挺开心的。

二、家庭氛围的熏陶，是无可复制的教育第一站

我出生于1964年12月初，由于小孩子一般6岁左右记忆才会比较清晰，所以我懂事的时候已经是20世纪70年代了。

虽然已经参加工作那么多年了，直到现在，在空闲的时候，我仍会经常想起我的爷爷奶奶，以及从前生活在那个古村里的时光。

不止我爷爷奶奶，我的祖辈也一直生活在西溪这个村子里。从懂事开始，我就喜欢一直跟着爷爷，因为他特别疼我，也从来不骂我们兄弟姐妹几个。记得当年，我爷爷经常带着我去圩镇里的寮步茶楼喝早茶。虽然我爷爷不苟言笑，但他对我们的疼爱，总是体现在日常的小小举动中，比如他会偶尔给我们一毛几分（当年可以买一把糖果），让我们去村里唯一的小卖部买糖果饼干吃。有时候，爷爷还会让我去帮他买散装米酒，在买后回家的路上，我时常忍不住偷偷尝一口，嘴里刹那间涌出那种强烈的刺激感，至今仍令我记忆犹新……

从小时候起，我就特别崇拜父亲：能写（一手漂亮硬笔和毛笔字，几十年来，家里的春联都是他写的）、能画（我爷爷的遗像，就是他画的素描）、能唱（唱功非常了得）、能吹（口琴）、能拉（二胡）……

父亲自他儿时起，就特别勤奋认真，好学上进。他就读于东莞师范学校时，由于思想进步，表现积极，在校期间就加入了中国共产党。20世纪50年代初，他毕业于东莞师范学校后，从教四十多年直至退休（期间曾经先后任镇内多所村办小学校长）。他做事认真严谨，绝不马虎；为人正直真诚，刚正不阿，还带有一点读书人的清高。虽然他现今已经八十六岁了，仍然每天拿着一个放大镜去看手机里面的新闻，关心国家大事，还经常在"尹家亲戚微信群"里转发那些有关国际、国家大事的文章，偶尔也会专门与我交流心得体会。

我的母亲出生于1944年，是一位农村里典型的贤内助。她是家里的"长女"（我小时候经常听长辈说，母亲年轻时长得很漂亮，长辈们都说我长得像她），读书至初中毕业就辍学了，后来十八岁时经别人介绍，嫁给了我父亲（父亲比母亲年长九岁）。

母亲是个吃苦耐劳的人：在20世纪70年代，她每年的工分几乎都是全村最多的——可能是我们家压力太大的原因：我的姐弟共有五人，还有年长的爷爷奶奶。父亲在较远的外村当小学校长，周一至周五都不在家。

当年，母亲虽然平时做农活很辛苦，但极少抱怨，甚少计较得失，也极重视邻里关系，与村里的人相处融洽，口碑极好。直到现在，认识母亲的人都说她是一位善良、友善、热心的老太太。在这一方面上，我认为我遗传了母亲的性格特质；而母亲也遗传了我外婆的性格特质：在我心目中，我外婆也是一位善良温和，与邻里关系非常融洽的老太太。小时候我最喜欢的事情就是去外婆家住上几天，晚上与她睡在一块，听她讲故事。直到现在，外婆还会偶尔出现在我的梦中……

而说到我的亲人，不得不提的就是我的姑姐（"姑姐"这一称呼，是广东珠三角地区的民众对其终生不婚的"姑母"的尊称）。

20世纪初或中期，在东南亚国家（新加坡、马来西亚、印尼等）中，有不少华人女性虽然过了婚龄，但她们从没有结婚的打算（俗称"自梳女"）。她们大多数人来自华南地区（新中国成立前，因生活所迫），漂洋过海来到异国他乡谋生，因为她们没有特别的工作技能，只能应聘到富裕的华人家庭里从事保姆工作。时间一长，许多人就慢慢地融入异国他乡，最后加入它国国籍，成为它国公民。我姑姐就是她们之中的一员。

从前，我家是村里的"超支户"（家里每年都会欠村集体二、三百多元人民币，以当时货币的购买力来算，相当于现在的二十多万元），原因是：当时的村集体是以每个家庭的人口来分配粮食或其他东西，然后以每年每个家庭的劳动人口所挣的工分总数来结算。我小的时候，爷爷奶奶年长，我们几个孩子年幼，妈妈就是家里唯一的劳动力，这样的情形下，我们家"超支"就是必然的结果了。因此，每年的年底，我的姑姐就会把她在新加坡工作一年积蓄的一半或一半以上，寄回家里——一部分还欠村集体的超支款，另一部分做家庭生活的费用。

在我们兄弟姐妹的童年时期，除了每年的春节，我姑姐每次从国外回来探亲（约每隔3至4年回国一趟，一般每次都会待上一个月左右），就是我们最开心、快乐的日子。每次回国，她都会带着两个大大的藤编的藤筐（我印象中，它底面直径有1.5米多，高也与成人相仿），里面装了衣物、食品、未组装好的自行车或缝纫机等各类物品，简直是一个"百宝箱"。因而，姑姐每次回国，都是我们家里最幸福的时光。

不止我，我们家里的其他人也一致认为，我姑姐就是我们家的天使——她几乎把自己的一生全部都奉献给了我们（她的父母、她的弟妹、她的侄儿侄女），无论是财富，还是自己的美好年华……

20世纪90年代末，姑姐年纪大了，在外国也孤身一人，因而决定放弃新加坡国籍，回到家乡与我父母（姑姐是我父亲的姐姐）一块生活。我一直记得许多年前，在刚回国定居时，她曾经当着一大家子说过的一段话："我年轻的时候，在国外也曾想过结婚。但是我发现自己认识的像我这样漂洋过海过来的人，一旦结婚，由于组建新的家庭，后来不知不觉就慢慢顾不上自己的父母兄弟姐妹了。我不是不想结婚，我是不敢结婚！"

每当想起这段话，我都会眼眶潮湿。在我的心目中，她就是一位伟大的人，可以说，没有她的无私奉献，就没有我们家人当年的温饱生活。

虽然在外人看起来，她是"孤身"一人，但在我们兄弟姐妹几个心里，她就是另一个母亲。每周我与夫人都会到父母家看望他们三人，与他们一起吃饭聊天；当他们三人生日或重大节日的时候，我们兄弟姐妹几个都会带着自己的子女一起与他们聚会，共同庆祝，总之，我们都尽了最大的努力，让他们几位辛苦了一辈子的老人家共享天伦、安度晚年！

三、让孩子建立未来理想，哪怕理想很小

虽然在我小时候，东莞农村的生活还没有到饿肚子的地步，但也好不到哪儿去，好在我们那儿的民风比较淳朴。当时在村里边，大家主要忙着生存，总的来说并没有太多的纷争。有些要好的邻居之间都会互相帮助，比如说你田里的活没干完我帮你干，或是家里边有什么好事，就会请宴请关系比较要好的人来吃饭、喝酒等。那时我受家里人的直接影响会更多一点，但这些淳朴的民风方面的东西，对我也有不小影响，只是当时我还没有多么深的体会。

从小生活在这样一个村子里，并不妨碍我对自己的未来会有一些美好的憧憬。我向往自己未来能有一个好工作，过上比较好的生活。现在看来，这些想法可能会让人觉得我太现实，但是，当时我的这些想法，却也是促使我努力学习的动力。因为如果我不认真读书的话，就要留在村里干农活——在我眼里，当时农村的生活是枯燥和单调的，它给我的最深感触就是生活在那里的人们，好像整天都无所事事，打牌、喝酒、聚一起乱聊。我觉得这种生活不是我所向往的，我希望在

我的努力下，人生能更加丰富多彩，至少不是日复一日的重复。

可在东莞当年的那种思维环境影响下，我家里对于让孩子接受教育的态度并不是多么积极。比较幸运的是，在我们兄妹几个之中，我是唯一一个经受住了种种考验，通过读书直接改变了命运的。在我1987年刚刚大学毕业的时候，在东莞的整体环境上，大家对教育还没有那么重视，所以，大学毕业时，我用知识改变命运的意识就特别强烈。

我觉得我的真正成长，是来自于毕业之后在不同的学校里得到的锻炼，以及那些领导和老教师对我的影响。因此，我从自身的经历体验到：我接受的"教育"，不仅是学生时代的学校教育，也包括从那些同事及前辈身上受到的启发与影响，而这种影响，将伴随我的一生，会让我活到老，学到老。

主要参考文献

[1] 怀特海. 教育的目的 [M]. 庄莲平，王立中，译注. 上海：上海文汇出版社，2012.

[2] 约翰·杜威. 民主主义与教育 [M]. 五承绪，译. 北京：人民教育出版社，2010.

[3] 帕克·帕尔默. 教学勇气：漫步教师心灵 [M]. 吴国珍，余巍等，译. 上海：华东师范大学出版社，2014.

[4] 弗兰克·富里迪. 知识分子都到哪里去了 [M]. 戴从容，译. 南京：江苏人民出版社，2012.

[5] 马克斯·范梅南. 教学机智——教育智慧的意蕴 [M]. 李树英，译. 北京：教育科学出版社，2001.

[6] 马克斯·范梅南. 生活体验的研究——人文科学视野中的教育学 [M]. 宋广文等，译. 北京：教育科学出版社，2003.

[7] 保罗·弗莱雷. 被压迫者教育学 [M]. 顾建新等，译. 上海：华东师范大学出版社，2014.

[8] 张楚延. 教育哲学 [M]. 北京：教育科学出版社，2006.

[9] 桑新民，陈建翔. 教育哲学对话 [M]. 石家庄：河北教育出版社，1996.

[10] 石中英，教育哲学 [M]. 北京：北京师范大学出版社，2007.

[11] 傅敏，田慧生. 课堂教学叙事研究：理论与实践 [M]. 北京：教育科学出版社，2009.

[12] 教育部师范教育司. 教师专业化的理论与实践 [M]. 北京：人民教育出版社，2005.

[13] 郑金洲. 教育的思考与言说——一位教育学者的演讲录 [M]. 福州：福建教育出版社，2007.

[14] 傅建明. 教师专业发展——途径与方法 [M]. 上海：华东师范大学出版社，2007.

[15] 胡东芳. 教育研究方法 [M]. 上海：华东师范大学出版社，2009.

[16] 吕洪波. 教师反思的方法 [M]. 北京：教育科学出版社，2006.

[17] 威廉·维尔斯曼. 教育研究方法导论 [M]. 袁振国译. 北京：教育科学出版社，1997.

[18] 张菊荣，焦晓骏. 发生在教育在线的故事 [M]. 福州：福建教育出版社，2005.

[19] 李镇西. 爱心与教育——素质教育手记 [M]. 成都：四川少年儿童出版社，1998.

[20] 李镇西. E网情深——李镇西网络教育随笔选 [M]. 成都：四川教育出版社，2003.

[21] 李吉林. 情境教育的诗篇 [M]. 北京：高等教育出版社，2004.

[22] 薛法根. 智慧教育故事 [M]. 南京：江苏教育出版社，2011.

[23] 肖川. 教育的使命与责任 [M]. 长沙：岳麓书社，2007.

[24] 卢梭. 爱弥儿 [M]. XXX译. 北京：商务印书馆，2003.

[25] 陶行知. 陶行知全集 [M]. 成都：四川教育出版社，2005.

[26] 龚春燕等. 魏书生教育教学艺术 [M]. 漓江：漓江出版社，2000.

[27] 柏拉图. [M]. 北京：商务印书馆，1986.